अल्बैर कामू

अल्बैर कामू का जन्म 7 नवम्बर, 1913 को फ्रांस के तत्कालीन उपनिवेश अल्जीरिया (अफ्रीका) के मोन्दोवी शहर में हुआ था। बचपन गरीबी में बीता। दर्शनशास्त्र में उच्च शिक्षा हासिल की। कुछ समय के लिए अल्जीरिया की कम्युनिस्ट पार्टी से जुड़े। किशोरावस्था से ही तपेदिक की चपेट में रहे। आजीविका के लिए तरह-तरह का काम किया। 1943 में पेरिस चले गए। विश्वयुद्धों के दौरान फ्रांस पर जर्मन कब्जे के खिलाफ 'कामबेट' नामक पत्र निकाला। कुछ पत्रों का सम्पादन भी किया। यूनानी दर्शन, ईसाइयत तथा अल्जीरिया और यूरोप की संस्कृति से गहरे प्रभावित रहे। अपने लेखन में अधर्म, नास्तिकता, मृत्यु और मानवीय कष्टों का अपूर्व चित्रण किया।

उन्हें 1957 में साहित्य का *नोबेल पुरस्कार* प्रदान किया गया।

उनकी प्रमुख कृतियाँ हैं—'प्लेग', 'पतन', 'अजनबी', 'सुखी मृत्यु', 'पहला आदमी' (उपन्यास); 'निर्वासन और आधिपत्य' (कहानी-संग्रह); 'कालिगुला', 'न्यायप्रिय', 'अर्थदोष' (नाटक); 'सही पक्ष और गलत पक्ष', 'सिसिफ़स का मिथक', 'विद्रोह' (निबन्ध)।

4 जनवरी, 1960 को विलेब्लेविन (फ्रांस) में कार दुर्घटना में उनका निधन हो गया।

शरद चन्द्रा

फ्रांसीसी भाषा-साहित्य की विद्वान शरद चन्द्रा का जन्म 2 जनवरी, 1943 को जयपुर, राजस्थान में हुआ। उन्होंने दिल्ली, राजस्थान और नाइजीरिया के विश्वविद्यालयों एवं इग्नू में अध्यापन किया। कहानी, कविता, निबन्ध आदि विधाओं में अंग्रेजी और हिन्दी में उनकी कई किताबें प्रकाशित हैं। उन्होंने अल्बैर कामू की सात किताबों के अलावा फर्नांदो पैसोआ, ज्याँ-पाल सार्त्र, अतिक रहिमी, अमीन मालूफ आदि की रचनाओं के अनुवाद किए हैं।

ई-मेल : sharadchandra2006@yahoo.com

राजकमल से प्रकाशित
लेखक की किताबें

उपन्यास

अजनबी
प्लेग
पतन
सुखी मृत्यु
पहला आदमी

कहानी

निर्वासन और आधिपत्य

नाटक

अर्थदोष
कालिगुला
न्यायप्रिय

कालिगुला

अल्बैर कामू

अनुवाद

शरद चन्द्रा

राजकमल पेपरबैक्स

यह नाटक सर्वप्रथम फ्रेंच में Caligula नाम से 1945 में प्रकाशित हुआ

राजकमल पेपरबैक्स में
पहला संस्करण : 2023
दूसरा संस्करण : 2024

राजकमल पेपरबैक्स : उत्कृष्ट साहित्य के जनसुलभ संस्करण

राजकमल प्रकाशन प्रा. लि.
1-बी, नेताजी सुभाष मार्ग, दरियागंज
नई दिल्ली-110 002
द्वारा प्रकाशित

शाखाएँ : अशोक राजपथ, साइंस कॉलेज के सामने, पटना-800 006
पहली मंजिल, दरबारी बिल्डिंग, महात्मा गांधी मार्ग, प्रयागराज-211 001
1, अनमोल सोराबजी संतुक लेन, धोबी तलाव, मरीन लाइंस, मुम्बई-400 002

वेबसाइट : www.rajkamalprakashan.com
ई-मेल : info@rajkamalprakashan.com

यश प्रिंटोग्राफिक्स
नोएडा-201 301 (उत्तर प्रदेश)
द्वारा मुद्रित

मूल्य : ₹199

CALIGULA
Play by Albert Camus
Translated by Sharad Chandra

ISBN : 978-81-19835-03-4

निवेदन

साहित्य चाहे किसी भी भाषा में हो, उस पर समस्त मानव-समाज का अधिकार होता है। मानव को विषय बनाकर, मानव-दशा से प्रेरित, किसी भी साहित्यिक रचना को संकीर्ण भाषायी या भौगोलिक परिबन्धन में जकड़कर रखना साहित्यप्रेमियों के प्रति अक्षम्य अपराध है। राजकमल प्रकाशन की ओर से अल्बैर कामू की कुछ रचनाओं का हिन्दी अनुवाद प्रकाशित करने का प्रस्ताव विश्व-साहित्य के समन्वय की ओर एक बहुत ही सराहनीय कदम है और उनकी परम्परागत उच्च साहित्यिक रुचि का प्रमाण।

कामू की रचनाओं के हिन्दी अनुवाद के सन्दर्भ में, सिर्फ़ इतना निवेदन करना चाहूँगी कि ये उल्था मैंने अंग्रेजी माध्यम से नहीं, अपितु मूल फ्रांसीसी पाठ से किया है और साथ ही शाब्दिक अनुवाद से बचते हुए कामू की शैली—उनके भाषायी तेवर और वाक्य-विन्यास—को अक्षुण्ण रखने का पूरा प्रयास किया है। चिन्तन-प्रधान होने के कारण कामू विचारों के प्रवाह में कहीं-कहीं ईंटें-सी जोड़ते हुए एक विशाल इमारत खड़ी कर देते हैं। छोटे-छोटे टुकड़ों में तोड़कर या वाक्य-विन्यास

बदलकर इसे सरल बनाना मुश्किल नहीं था, लेकिन फिर उस नवनिर्मित रूप में से कामू लुप्त हो जाते। यह मेरे 'निवेदन' मैं नहीं था। मैंने नोट उस समय भी कर लिया था, लेकिन इतनी छोटी सी बात के लिए अड़ना मैं पसन्द नहीं करती, इसलिए मेरी निष्ठा कि कामू के विचारों को अनूदित प्रति में भी लगभग उसी रूप में प्रस्तुत करूँ, जिस रूप में वे मूलत: लिखे गए।

इस ध्येय की साधना में कामू की पुत्री सुश्री कैथरीन कामू की पिता के प्रति श्रद्धा, उनके स्वाभाविक व स्वत:स्फूर्त स्नेहमय समर्थन से मुझे जो प्रेरणा मिली उसके प्रति शब्दों में आभार व्यक्त नहीं किया जा सकता। अपने आत्मसन्तोष के लिए उन्हें मैं सिर्फ़ स्मरण कर सकती हूँ। उनके अलावा पेरिस स्थित, अपनी प्रिय मित्र श्रीमती आनिया शिवालियर के प्रेम व सतत सहयोग के लिए अपनी गहरी अनुग्रहीतता स्वीकार करती हूँ। सर्वोपरि, जवाहरलाल नेहरू विश्वविद्यालय के पुस्तकालय व वहाँ के सभी कार्यकर्ताओं, विशेष रूप से सह-पुस्तकालयाध्यक्षा श्रीमती कृष्णा सेन के प्रति बहुत कृतज्ञ हूँ। इस परोक्ष योगदान के अभाव में, मैं शायद ही कुछ काम कर पाती। श्री रामकुमार कृषक ने पांडुलिपि के सम्पादन में जिस आत्मीयता का परिचय दिया, वह मेरे लिए एक नया अनुभव रहा है। अन्त में, अपनी योजना को सफल बनाने में, नई दिल्ली स्थित फ्रांसीसी दूतावास के संरक्षण और सहायता के लिए मैं हृदय से आभारी हूँ।

—शरद चन्द्रा

इन्दिरा गांधी राष्ट्रीय मुक्त विश्वविद्यालय
नई दिल्ली
मार्च, 2001

पात्र-परिचय

कालिगुला : रोमन साम्राज्य का शहंशाह,
उम्र 25 से 29 के बीच।
सीज़ोनिया : कालिगुला की प्रेमिका, उम्र 30 वर्ष।
हैलिकों : कालिगुला का घनिष्ठ मित्र, उम्र 30 वर्ष।
सीप्यों : लगभग 17 वर्ष का युवक।
कीरिआ : 30 वर्ष।
वृद्ध सामन्त : सैनेक्टस, उम्र 71 वर्ष।
मैरिया : 60 वर्ष।
म्यूशियस : 33 वर्ष।
व्यवस्थापक : पैट्रिसियस, उम्र 50 वर्ष।
पहला सामन्त : मेटेलस
दूसरा सामन्त : लैपिदस 40 और 50
तीसरा सामन्त : ऑक्टेवियस वर्ष के बीच।
दो गार्ड
तीन नौकर
म्यूशियस की पत्नी
छह कवि

सभी दृश्य कालिगुला के राजभवन में।
पहले और बाद के अंकों के बीच 3 वर्ष का अन्तर।

अंक : एक

दृश्य : 1

[राजभवन के राजकीय कक्ष में बहुत से सामन्त इकट्ठा हैं, जिनमें से एक बहुत वृद्ध हैं। सभी कुछ घबराए हुए-से दिखते हैं।]

पहला सामन्त : अभी तक कोई ख़बर नहीं।

वृद्ध सामन्त : कल रात भी कुछ नहीं थी, आज सुबह भी कुछ नहीं।

दूसरा सामन्त : तीन दिन हो गए बिना किसी समाचार के! अजीब बात है!

वृद्ध सामन्त : हमारे दूत जाते हैं, और वापस आ जाते हैं। बस सिर हिलाकर कहते हैं, 'कुछ नहीं'।

दूसरा सामन्त : सारा प्रान्त छान डाला है उन्होंने, कहीं कोई कसर नहीं छोड़ी।

पहला सामन्त : पहले से ही इतनी चिन्ता क्यों? कुछ इन्तज़ार कर लेते हैं। हो सकता है जैसे अचानक गए थे, वैसे ही वापस आ जाएँ।

वृद्ध सामन्त : मैंने उन्हें महल से निकलते देखा था। उनकी आँखों में एक अजीब-सा खोयापन था।

पहला सामन्त : हाँ, मैंने भी देखा था! मैंने तो उनसे पूछा भी था कि क्या बात है!

दूसरा सामन्त : उन्होंने जवाब दिया था?

पहला सामन्त : हूँ...एक शब्द में, 'कुछ नहीं'।

[कुछ देर खामोशी। हैलिकों प्याज खाता हुआ आता है।]

दूसरा सामन्त : *(उसी घबराहट में)* यह है बड़ी चिन्ता की बात।

पहला सामन्त : चलो ठीक है, जवानी के जोश में सभी ऐसे होते हैं।

वृद्ध सामन्त : सो तो है, समय सब ठीक कर देता है।

दूसरा सामन्त : आपको विश्वास है?

पहला सामन्त : अच्छा हो कि वे भूल जाएँ।

वृद्ध सामन्त : और क्या? एक गई, दस मौजूद हैं।

हैलिकों : आपको कैसे मालूम कि यह सब प्रेम के कारण है?

पहला सामन्त : और हो भी क्या सकता है?

हैलिकों : हो सकता है जिगर खराब हो, या हर रोज़ वही चेहरे देखने से विरक्ति हो गई हो। थोड़े-बहुत रद्दोबदल से मन लग जाता है। लेकिन यहाँ कुछ नहीं बदलता। हमेशा वही गड्डमड्ड।

वृद्ध सामन्त : मैं तो समझता हूँ, प्यार ही इस सबकी जड़ है। उसी में इतनी गहरी संवेदना होती है।

हैलिकों : और इतनी हिम्मत। खासतौर से, हिम्मत। यही एक मर्ज़ है जो किसी को नहीं बख्शता, चाहे बुद्धिमान हो या बुद्धिरहित।

पहला सामन्त : सौभाग्य से कोई भी दुःख हमेशा के लिए नहीं होता। क्या आप एक साल से ज़्यादा कोई कष्ट सह सकते हैं?

दूसरा सामन्त : मैं? नहीं।

पहला सामन्त : कोई भी नहीं सह सकता।

वृद्ध सामन्त : जीना दूभर हो जाता है।

पहला सामन्त : आप ठीक कहते हैं। देखिए, पिछले साल मेरी पत्नी का देहान्त हुआ। मैं बहुत रोया-बिलखा। लेकिन समय के साथ दर्द भूल गया। कभी-कभी फिर से याद ताजा हो आती है, लेकिन यह नहीं कि गम में अपनी सुध ही खो बैठूँ।

वृद्ध सामन्त : कुदरत हमारे लिए बहुत बड़ी देन है।

हैलिकों : जब मैं आपको देखता हूँ तो मुझे लगता है कि वे अपना लक्ष्य चूक गए!

[कीरिआ आता है।]

पहला सामन्त : कोई ख़बर?

कीरिआ : कुछ नहीं।

हैलिकों : शान्ति रखिए, कम-से-कम ऊपरी चोला तो चढ़ाए रखिए। रोम का साम्राज्य—हम ही तो हैं। अगर हम लोग ही मुँह लटका लेंगे तो प्रजा पागल हो जाएगी। यह वक़्त हिम्मत हारने का नहीं है। चलो, सबसे पहले खाना खाएं, सल्लनत ढंग से चलेगी।

वृद्ध सामन्त : बिलकुल ठीक। परछाईं के लिए वास्तविकता को क्यों छोड़े!

कीरिआ : मुझे कुछ अच्छा नहीं लग रहा। अब तक सब शानदार तरीके से चल रहा था। शहंशाह अपनी कला में पारंगत थे।

दूसरा सामन्त : हाँ, वे वैसे ही थे जैसा होना चाहिए था। सतर्क और अनुभवरहित!

पहला सामन्त : लेकिन आखिर बात क्या है? इतना रोना-पीटना किसलिए? अपना हित-अहित सोचने से उन्हें कौन रोक सकता है? वे ड्रसिला को चाहते थे, यह हम सब जानते हैं। लेकिन कुछ भी कहो, वह आखिर उनकी बहन थी। फिर उसी के साथ सहवास—यही क्या कम था। और अब समूचे रोम को उलट-पलट कर देना, सिर्फ़ इसलिए कि वह मर चुकी है—सारी सीमाओं को तोड़ देना है।

कीरिआ : वे नहीं रुकेंगे। मुझे यह कतई पसन्द नहीं। और इस तरह फरार होना मेरी समझ में बिलकुल नहीं आ रहा।

वृद्ध सामन्त : हाँ, बिना आग के धुआँ नहीं होता।

पहला सामन्त : कोई भी राज्य किसी भी हालत में, बहन-भाई के अनुचित सम्बन्ध को, जिसने चाहे कितनी भी दु:ख-भरी कहानी का रूप ले लिया हो, कैसे मान्यता दे सकता है? ऐसे सम्बन्ध हो सकते हैं, लेकिन सचेत रहना चाहिए।

हैलिकों : तुम जानते हो, ऐसे ताल्लुकात थोड़ी-बहुत खलबली तो करते ही हैं। या कहूँ कि चारपाई चर्राती जरूर है। फिर भी, तुमसे किसने कहा कि यह सब ड्रसिला की वज़ह से हुआ है?

दूसरा सामन्त : और भला हो भी क्या सकता है?

हैलिकों : सोचकर देखो, ध्यान से। दु:ख शादी की तरह होता है। हम समझते हैं, चुनाव हम कर रहे हैं, और हम करते भी हैं। यह तो कुदरत की रीति है, हम इसमें कुछ नहीं कर सकते। बिचारे कालिगुला बहुत दु:खी हैं, लेकिन उनको शायद यह भी नहीं मालूम कि क्यों? उन्होंने जरूर अपने-आपको मुसीबत में फँसा समझा होगा। तभी तो मौका देखकर भाग गए। हममें से कोई भी ऐसा ही करता। देखो, मैं जो तुमसे इतनी बात कर रहा हूँ अगर अपने पिता को चुन सकता, तो पैदा ही न होता।

[सीप्यों आता है।]

दृश्य : 2

कीरिआ : कुछ ख़बर?

सीप्यों : अभी तक तो कुछ नहीं। कुछ गाँववाले समझते हैं कि उन्होंने कल रात कालिगुला को यहीं पास में आँधी में भागते देखा था।

[कीरिआ सामन्तों की ओर आता है। सीप्यों भी उसके पीछे-पीछे आता है।]

कीरिआ : आज पूरे तीन दिन हो गए, क्यों सीप्यों?

सीप्यों : जी हाँ! मैं तो उस वक़्त मौजूद था, उनके पीछे, हमेशा की तरह। वे ड्रसिला के शव के पास गए। उसे दो उँगलियों से छुआ। लगा, जैसे कुछ सोच रहे हैं। फिर अपने पाँवों पर घूम गए और एकदम बाहर चले गए। तभी से हम सब उनके पीछे भाग रहे हैं।

कीरिआ : *(सिर हिलाते हुए)* इस नौजवान को साहित्य का कुछ ज़्यादा ही शौक था।

दूसरा सामन्त : वह तो उनकी उम्र का तकाजा था।

कीरिआ : हाँ, लेकिन उनके स्तर का कतई नहीं। एक कलाकार शहंशाह, चल नहीं पाता। मैं मानता हूँ, एक या दो ऐसे शासक हुए हैं, पर कुल में कलंक तो सभी जगह मिल जाते हैं। लेकिन बाकियों में सिर्फ़ शासन-भार सँभालने की ही उत्तम सूझ थी।

पहला सामन्त : वह ज़्यादा ठीक था।

वृद्ध सामन्त : प्रत्येक को अपना खुद का काम शोभा देता है।

सीप्यों : हमें करना क्या चाहिए, कीरिआ?

कीरिआ : कुछ नहीं।

दूसरा सामन्त : पहले हम इन्तज़ार करेंगे। फिर अगर वे वापस नहीं आते तो उनकी जगह दूसरे को नियुक्त कर देंगे। हम लोगों में शहंशाहों की कोई कमी नहीं!

पहला सामन्त : नहीं, हमारे पास कमी सिर्फ़ विशेष गुणों की है।

कीरिआ : और अगर वे वापस आ गए, लेकिन बुरे मिज़ाज़ में?

पहला सामन्त : हद हो गई! हमारे सामने तो वे अभी बच्चे ही हैं। हम उन्हें ठीक सलाह देंगे।

कीरिआ : और अगर उन्होंने कुछ भी सुनने से इनकार कर दिया तो?

पहला सामन्त : (हँसते हुए) तुम्हें याद नहीं, कुछ समय पहले मैंने राज्य का तख्ता पलटने पर एक किताब लिखी थी?

कीरिआ : बेशक, अगर यह ज़रूरी हुआ। लेकिन मैं यह ज़्यादा पसन्द करूंगा कि मुझे मेरी ही किताबों के साथ छोड़ दें।

सीप्यों : माफ़ कीजिए।

[चला जाता है।]

कीरिआ : वह नाराज हो गया।

वृद्ध सामन्त : बच्चा है। इस उम्र में ये लोग एक-दूसरे के बड़े हमदर्द होते हैं।

हैलिकों : हमदर्द हों या न हों, बूढ़े तो जरूर होंगे।

[एक गार्ड यह कहते हुए आता है : 'हमने कालिगुला को राजभवन के बगीचे में देखा था।' सब चले जाते हैं।]

दृश्य : 3

[कुछ क्षण मंच एकदम खाली रहता है। कालिगुला चुपके से बाईं ओर से घुसता है। वह भयभीत है, गन्दा है, बाल भीगे हुए हैं और टाँगें सूखी कीचड़ से ढँक-सी रही हैं। कई बार अपने हाथ ओठों तक लाता है। दर्पण की ओर बढ़ता है, लेकिन जैसे ही अपना प्रतिबिम्ब देखता है, एकदम रुक जाता है। कुछ बड़बड़ाता है, जो समझ में नहीं आता। फिर दाईं ओर जाकर और अपने हाथ घुटनों के बीच के बेजान-से लटकाकर बैठ जाता है। हैलिकों बाईं ओर से आता है, कालिगुला को देखकर मंच के किनारे

पर ही रुक जाता है और चुपचाप खड़ा होकर देखता है। कालिगुला घूमता है और उसे देख लेता है। कुछ देर कोई भी कुछ नहीं बोलता।]

दृश्य : 4

हैलिकों : *(मंच के एक छोर से दूसरी ओर जाते, चिल्लाते हुए)* तुम, केईयस!

कालिगुला : (सामान्य आवाज़ में) हाँ, हैलिकों, मैं!

[कुछ देर खामोशी।]

हैलिकों : तुम बड़े थके हुए दिख रहे हो ?

कालिगुला : मैं बहुत चलकर आया हूँ।

हैलिकों : हाँ, तुम काफ़ी समय गायब रहे।

[खामोशी]

कालिगुला : ढूँढने में मुश्किल हो रही थी।

हैलिकों : क्या?

कालिगुला : जो मैं चाहता था।

हैलिकों : क्या चाहते थे तुम?

कालिगुला : *(अब भी सामान्य रूप से)* चाँद।

हैलिकों : क्या?

कालिगुला : हाँ, मैं चाँद लेना चाहता था।

हैलिकों : आह!

[खामोशी। हैलिकों पास आता है।]

: क्या करने के लिए?

कालिगुला : अरे!...एक यह चीज़ मेरे पास नहीं है।

हैलिकों : बेशक, और...अब, सब ठीक हो गया?

कालिगुला : नहीं, मैं उसे पा ही न सका।

हैलिकों : बड़ा बुरा लग रहा होगा।

कालिगुला : हाँ, इसीलिए तो मैं इतना थका हुआ दिख रहा हूँ।

[खामोशी।]

कालिगुला : हैलिकों!

हैलिकों : हाँ, केईयस!

कालिगुला : तुम सोच रहे हो कि मैं पागल हो गया हूँ।

हैलिकों : तुम अच्छी तरह जानते हो कि मैं कभी कुछ नहीं सोचता। इन बातों के लिए मैं पहले ही काफ़ी अक्लमन्द हूँ।

कालिगुला : हाँ! फिर भी! लेकिन मैं पागल नहीं हूँ। सचमुच, मैं पहले कभी इतना अक्लमन्द नहीं था। सिर्फ़ इतना है कि अचानक ही मुझे असम्भव को पाने की इच्छा हुई। *(कुछ देर खामोशी)* अपने चारों ओर जो भी, जैसी भी हालत में है, मुझे बिलकुल सन्तोषजनक नहीं लगता।

हैलिकों : यह मत काफ़ी हुआ है। और भी अनेक लोग यही महसूस कर रहे हैं।

कालिगुला : यह सच है। लेकिन मैं इसे पहले नहीं समझ सका, अब जानता हूँ *(सामान्य तरीके से)* ये दुनिया जैसी है, जीने लायक नहीं है। इसीलिए तो मुझे चाँद की ज़रूरत है, या खुशी की, या अमर होने की, किसी भी ऐसी चीज़ की जो चाहे निरर्थक हो, लेकिन इस दुनिया से अलग हो।

हैलिकों : तुम्हारे विचार तो खासे ठोस हैं, लेकिन मुश्किल यह है कि उन पर आसानी से अमल नहीं किया जा सकता।

कालिगुला : *(उठते हुए, उसी साधारण लड़के में)* तुम इस बारे में कुछ नहीं जानते। क्योंकि हम कभी किसी विचार को आखिर तक नहीं अपनाते, इसीलिए कुछ हासिल भी नहीं कर पाते। शायद इतना काफ़ी हो कि हम आखिर तक तर्कसंगत रहें।...

[वह हैलिकों को देखता है।]

: मैं यह भी जानता हूँ कि तुम क्या सोच रहे हो। इतनी कहानियाँ एक औरत के मरने पर! नहीं, यह बात नहीं है। यह सच है कि मुझे हमेशा याद रहता है कि कुछ दिन हुए एक औरत मर

गई थी जिसे मैं बहुत प्यार करता था। लेकिन प्यार क्या है? कुछ भी नहीं। मैं तुमसे कसम खाकर यह कह सकता हूँ कि मौत मेरे लिए कोई मायने नहीं रखती। यह तो सिर्फ़ उस सत्य की तरफ संकेत है जिसने मेरे लिए चाँद ज़रूरी कर दिया। यह एक ऐसा सच है जो एकदम सहज है, स्पष्ट है, कुछ-कुछ मूर्खतापूर्ण भी, लेकिन इसे खोज निकालना मुश्किल है और झेलना, और भी मुश्किल।

हैलिकों : और यह सच क्या है, केईयस?

कालिगुला : *(अतीत में देखते हुए, नीरव स्वर में)* मनुष्य मरते हैं और वे सुखी नहीं हैं।

हैलिकों : *(कुछ देर बाद)* ही केईयस, यह एक ऐसा सच है जिसे हम सभी आसानी से समझते हैं। अपने ही चारों ओर देखो। तुम्हारी इस खोज से किसी के खाने का शौक कम नहीं हुआ।

कालिगुला : *(एकाएक बहुत उग्र स्वर में)* इसका मतलब मेरे चारों ओर सब कुछ मिथ्या है, झूठ है। और मैं, मैं चाहता हूँ कि वे सच्चाई में जीएँ। संयोग से आज मेरे पास शक्ति है कि इन्हें सच्चाई में जीने के लिए मजबूर कर सकूँ। क्योंकि मैं जानता हूँ कि उनके पास किस बात की कमी है। हैलिकों! इन्हें ज़रूरत है ज्ञान की, और एक ऐसे गुरु की जो गहरा जानकार हो।

हैलिकों : मेरी बात सुनकर नाराज मत होना, केईयस! लेकिन सबसे पहले तुम्हें आराम की सख़्त ज़रूरत है।

कालिगुला : *(बैठते हुए, मिठास से)* यह सम्भव नहीं है हैलिकों...यह तो कभी भी सम्भव नहीं होगा।

हैलिकों : लेकिन भला क्यों?

कालिगुला : अगर मैं सो गया तो मुझे चाँद कौन देगा?

हैलिकों : *(कुछ देर के मौन के बाद)* हाँ, यह सच है।

[कालिगुला कोशिश करके उठता हुआ दिखता है।]

कालिगुला : सुनो हैलिकों, मुझे लोगों के आने और बोलने की आवाज़ आ रही है। तुम एकदम चुप रहो और भूल जाओ कि तुम अभी-अभी मुझसे मिल चुके हो।

हैलिकों : समझ गया।

[कालिगुला बाहर की ओर जाता है और फिर पलट आता है।]

कालिगुला : अब मैं चाहूँगा, तुम मेरी मदद करो।

हैलिकों : ऐसा कोई कारण नहीं कि मैं तुम्हारी मदद न करूँ केईयस। लेकिन मैं बहुत-सी चीज़ें जानता हूँ और उनमें से बहुत कम मुझे पसन्द हैं! बताओ मैं तुम्हारे क्या काम आ सकता हूँ?

कालिगुला : असम्भव को हासिल करने में।

हैलिकों : मैं अपनी पूरी शक्ति लगा दूँगा।

[कालिगुला बाहर चला जाता है। सीज़ोनिया और सीप्यों तेज़ी से अन्दर आते हैं।]

दृश्य : 5

सीप्यों : यहाँ तो कोई नहीं है। क्या तुमने उन्हें देखा नहीं कि...?

हैलिकों : नहीं।

सीज़ोनिया : हैलिकों, क्या उन्होंने भागने से पहले तुमसे सचमुच कुछ नहीं कहा?

हैलिकों : मैं कोई उनका विश्वासपात्र थोड़े हूँ। मैं तो सिर्फ़ दर्शक हूँ। इसी में ज़्यादा समझदारी है।

सीज़ोनिया : मैं तुम्हारी मिन्नत करती हूँ।

हैलिकों : देखो सीज़ोनिया, केईयस एक आदर्शवादी आदमी हैं, सारी दुनिया यह जानती है। और फिर यह कहना कि वे अभी तक समझे नहीं हैं। मेरे बारे में ऐसा कहना ठीक है, इसीलिए मैं किसी चीज़ की जिम्मेदारी नहीं लेता। लेकिन केईयस ने अगर कहीं कुछ समझना शुरू कर दिया, तो अपने दिल और दिमाग के बल पर वह सारी

दुनिया को हिला देंगे और फिर भगवान जाने, हमें इसकी क्या कीमत चुकानी पड़े। इजाज़त हो तो मैं चलूँ...खाने का वक़्त हो रहा है...

[चला जाता है]

दृश्य : 6

[सीज़ोनिया शिथिल, थकी-सी बैठी है।]

सीज़ोनिया : एक गार्ड ने उन्हें गुज़रते हुए देखा था। लेकिन पूरा रोम तो कालिगुला को सब जगह देखता है। और कालिगुला, असल में, सिवाय अपनी संकल्पना के, और कुछ नहीं देख पाते।

सीप्यों : कौन-सी संकल्पना?

सीज़ोनिया : यह मुझे कैसे मालूम हो सकती है सीप्यों?

सीप्यों : ड्रसिला?

सीज़ोनिया : यह कौन कह सकता है? लेकिन यह सच है कि ये उसे प्यार करते थे। यह भी सच है कि जो कल तक बाँहों में हो, उसे आज मुर्दा देखना कितना दुःख-भरा होगा।

सीप्यों : *(सहमकर)* और तुम?

सीज़ोनिया : मैं? अरे मैं तो अब पुरानी हो गई!

सीप्यों : सीज़ोनिया, उन्हें किसी भी तरह बचाना है।

सीज़ोनिया : इसका मतलब तुम उन्हें चाहते हो?

सीप्यों : हाँ चाहता हूँ। मेरे लिए वे अच्छे थे। मुझे बहुत हिम्मत देते थे, उनकी कुछ बातें मुझे ज़बानी याद हैं। वे मुझसे कहा करते थे कि ज़िन्दगी आसान नहीं है लेकिन धर्म, कला और प्यार के सहारे हम इसे सह सकते हैं। वे प्राय: दोहराया करते थे कि किसी को जानबूझकर कष्ट देना ही सबसे बड़ी गलती है। वे एक न्याय-संगत आदमी बनना चाहते थे।

सीज़ोनिया : *(उठते हुए)* वे बहुत भोले थे। *(दर्पण की ओर जाती है अपने-आपको निहारती है कुछ सोचती है)* मैंने सिवाय अपनी काया के कभी किसी देवता को नहीं पूजा, और आज इसी देवता से प्रार्थना कर रही हूँ कि केईयस को मुझे वापस लौटा दे।

[कालिगुला अन्दर आता है? सीज़ोनिया और सीप्यों को देखकर कुछ हिचकिचाता है? उसी समय दूसरी ओर से सामन्त व राजभवन के व्यवस्थापक भी आते हैं। रुककर स्तब्ध खड़े हो जाते हैं। सीज़ोनिया मुड़ती है। सीप्यों और वह दोनों कालिगुला की ओर भागते हैं। वह उन्हें रुकने का संकेत देता है।]

दृश्य : 7

व्यवस्थापक : *(काँपती हुई आवाज़ में)*...हम...हम आपको ढूँढ़ रहे थे, सीज़र!

कालिगुला : *(हिम्मत-भरे और बदले हुए स्वर में)* मैं जानता हूँ।

व्यवस्थापक : हम...मेरा मतलब...।

कालिगुला : *(एकदम झल्लाकर)* तुम कहना क्या चाहते हो?

व्यवस्थापक : हम लोग बहुत चिन्तित थे सीज़र...!

कालिगुला : *(उसकी ओर आते हुए)* इसका तुम्हें क्या हक़ है?

व्यवस्थापक : ऐं...अ...*(अचानक प्रेरित होकर बहुत तेज़ गति से)*असल में, जो भी हो, आप जानते हैं कि आपको सार्वजनिक कोषागार के कुछ मामले निबटाने हैं।

कालिगुला : *(एकदम हँसता है, बिना रुके हँसता चला जाता है)* खज़ाना? ठीक है, सार्वजनिक कोषागार बहुत ज़रूरी है।

व्यवस्थापक : निश्चय ही, सीज़र!

कालिगुला : *(अब भी हँसते हुए सीज़ोनिया से)* क्यों प्रिये, खज़ाना...ये बहुत ज़रूरी है ना?

सीज़ोनिया : नहीं कालिगुला, ये मामला बाद में देखा जा सकता है।

कालिगुला : लेकिन तुम यह किसलिए कह रही हो? क्या तुम इस बारे में कुछ नहीं समझती कि खज़ाना बहुत ज़रूरी विषय है। सब कुछ ही ज़रूरी है इसमें—देश की वित्तीय व्यवस्था, जन-साधारण का नैतिक स्तर, विदेशी राजकाज, सेना का खाना-पीना और जाग़ीर-सम्बन्धी कानून। सभी कुछ विशेष महत्व का है। सभी कुछ ज़रूरी है—रोम की महानता और तुम्हारे आर्थराइटिस का दर्द का दौरा। आह! मैं सबकी देखभाल अपने हाथों में लूँगा। *(व्यवस्थापक से)* ज़रा सुनो।

व्यवस्थापक : जी!

[सामन्त आगे बढ़ते हैं।]

कालिगुला : तुम मेरे प्रति वफ़ादार हो ना?

व्यवस्थापक : *(उलाहना-भरी आवाज़ में)* सीज़र!

कालिगुला : अच्छा देखो, मैंने एक योजना बनाई है। हम अपनी आर्थिक प्रणाली को दो ही चालों में एकदम बदल डालेंगे। *(व्यवस्थापक से)* यह मैं तुम्हें अच्छी तरह समझाऊँगा... ज़रा ये सामन्त चले जाएँ।

[सामन्त चले जाते हैं।]

दृश्य : 8

[कालिगुला सीज़ोनिया के पास अपनी बाँहों से उसकी कमर पकड़े बैठा है।]

कालिगुला : ध्यान से सुनो, पहली चाल—सारे सामन्त और साम्राज्य के वे सब लोग जो किसी भी जायदाद या पूँजी के मालिक हैं, छोटी या बड़ी—एक ही बात है, उन सभी को यह हिदायत दो कि अपने बच्चों को सम्पत्ति के पैतृक उत्तराधिकार से वंचित घोषित कर दें और अपनी पूरी सम्पदा राज्य के नाम कर दें।

व्यवस्थापक : लेकिन सीज़र...!

कालिगुला : मैंने तुम्हें अभी बोलने की इजाज़त नहीं दी। अपनी ज़रूरत को ध्यान में रखते हुए अपनी इच्छा से तैयार की हुई एक सूची के अनुसार हम इन लोगों को, जैसे-जैसे ज़रूरत पड़ेगी, मरवाते जाएँगे। ज़रूरी होने पर, अपनी मर्ज़ी से हम इस फ़ेहरिस्त में तब्दीली भी कर सकते हैं। सारी सम्पत्ति निश्चित रूप से हमारी हो जाएगी।

सीज़ोनिया : *(अपने-अपने छुड़ाते हुए)* तुम्हें हो क्या गया...!

कालिगुला : *(अविचलित रूप से)* ये लोग किस क्रम से मारे जाते हैं, वास्तव में यह कोई महत्व नहीं रखता। या, यह कहा जा सकता है कि मौत की इन

सभी सजाओं का महत्व बराबर है, यानी किसी का भी कोई महत्व नहीं। वैसे तो ये सभी बराबर के अपराधी हैं फिर भी यह याद रखो कि ऐसे नागरिकों को, जो कर-बंचक हैं, खुलेआम लूटना कोई जुर्म नहीं है। सारी दुनिया जानती है—शासन करना दौलत लूटना है। हर काम करने का एक तरीका होता है, *(व्यवस्थापक से रुखाई के साथ)* तुम बिना और देर किए मेरे निर्देश लागू कर दोगे। वसीयतनामों पर रोम के निवासियों से शाम तक दस्तख़त करवा लिये जाने चाहिए। जो आसपास के प्रान्तों में हैं, उन्हें ज़्यादा-से-ज़्यादा एक महीने का वक़्त दिया जा सकता है। दूत भेज दो।

व्यवस्थापक : सीज़र, आप समझ नहीं पा रहे...!

कालिगुला : मूर्ख! मेरी बात ध्यान से सुनो। अगर खज़ाना महत्त्वपूर्ण है तो मनुष्य की ज़िन्दगी का कोई महत्व नहीं। यह स्पष्ट है। उन सबको जो तुम्हारी तरह सोचते हैं, यह तर्क समझना चाहिए। उसके जीने की खास कीमत नहीं है, लेकिन मरने के बाद उनकी पूँजी सार्वजनिक हित में काम आती है। अपने बारे में मैंने निश्चय किया है कि मैं अपनी ज़िन्दगी में तर्क-संगत रहूँगा और क्योंकि मेरे पास सत्ता है इसलिए तुम देख सकोगे कि तर्क-प्रियता के लिए तुम्हें क्या भुगतना पड़ता है। मैं अपने प्रतिवादियों व प्रतिवादों को जड़ से

ख़त्म कर दूँगा। अगर ज़रूरत पड़ी तो शायद तुम ही से शुरू करूँ।

व्यवस्थापक : सीज़र, मैं शपथ खाकर कहता हूँ कि मेरे पास तत्परता की कोई कमी नहीं है।

कालिगुला : न मेरे पास। मुझ पर इत्मीनान रखो। सबूत के लिए देखा मैंने तुम्हारा दृष्टिकोण अपना लिया है। और राजा के खज़ाने को गहन मनन का विषय भी मान लिया है। संक्षेप में, तुम्हें मेरा शुक्रिया अदा करना चाहिए, क्योंकि मैं तुम्हारे क्रीड़ा-क्षेत्र में लौट आया हूँ और तुम्हारा खेल तुम्हारे ही पत्तों से खेल रहा हूँ। *(कुछ देर का मौन। फिर शान्ति से)* वैसे, मेरी योजना अपनी सरलता के कारण इतनी अनुकूल है कि किसी विवाद की कोई गुंजाइश ही नहीं। अब तुम्हारे पास यहाँ से गायब होने के लिए तीन सेकंड हैं...मैं गिनता हूँ...एक...

[व्यवस्थापक चला जाता है।]

दृश्य : 9

सीज़ोनिया : मैं तुम्हें ठीक से पहचान नहीं पा रही। यह क्या कोई मज़ाक कर रहे हो?

कालिगुला : नहीं सीज़ोनिया, यह तो एक सबक है।

सीप्यों : यह सम्भव नहीं है केईयस!

कालिगुला : सम्भव है।

सीप्यों : मैं तुम्हें समझ नहीं पा रहा।

कालिगुला : हो सकता है, यह उसी विषय में है जोकि सम्भव नहीं, या हम कहें कि यह उसे ही सम्भव करने के बारे में है जो असम्भव है।

सीप्यों : लेकिन यह ऐसा खेल है जिसकी कोई सीमा नहीं। यह तो किसी पागल के मनोरंजन का साधन लगता है।

कालिगुला : नहीं सीप्यों, यह एक सम्राट की विशेषता है। *(गद्दी पर बहुत थका-सा बैठ जाता है)* मैं अब समझ पाया हूँ कि आखिर सत्ता की उपयोगिता क्या है। इससे असम्भव को सम्भव करने के कुछ मौके मिलते हैं। आज और आनेवाले हमेशा के लिए स्वतंत्रता की कोई सीमा नहीं होगी।

सीज़ोनिया : *(उदासी से)* मैं नहीं समझती कि यह कोई खुशी मनाने की बात है, केईयस!

कालिगुला : मैं भी नहीं समझता। लेकिन यह जानता हूँ कि इसी में जीना ज़रूरी है।

[कीरिआ आता है]

दृश्य : 10

कीरिआ : मुझे आपके लौटने की ख़बर मिली थी। मुझे विश्वास है, आपका स्वास्थ्य अच्छा है।

कालिगुला : मेरा स्वास्थ्य तुम्हारा आभारी है। *(कुछ देर खामोशी, फिर एकाएक)* चले जाओ कीरिआ! मैं तुमसे मिलना नहीं चाहता!

कीरिआ : मुझे बड़ा ताज़्जुब हो रहा है केईयस!

कालिगुला : ताज़्जुब करने की कोई ज़रूरत नहीं। मुझे साहित्यकार पसन्द नहीं। न मैं उनकी झूठी बातें सह सकता हूँ। वे बोलते इसलिए हैं कि उन्हें कुछ सुनना न पड़े। अगर वे, जो कुछ कहते हैं, उसे खुद सुनें तो उन्हें पता लग जाए कि वे कुछ भी नहीं हैं। और उन्हें बोलना बिलकुल नहीं चाहिए। खैर, बन्द करो ये किस्सा, मुझे झूठे गवाहों से सख़्त नफ़रत है।

कीरिआ : अगर हम कभी झूठ बोलते हैं तो अक्सर अनजाने में। मैं अपराध अस्वीकार करता हूँ।

कालिगुला : झूठ कभी निर्दोष नहीं होता। और तुम लोगों का झूठ बहुत-से व्यक्तियों और चीज़ों को सार्थक करता है। इसलिए मैं तुम्हें कभी माफ़ नहीं कर सकता।

कीरिआ : फिर भी अगर हमें इस दुनिया में जीना है तो इसकी पैरवी करना बहुत ज़रूरी है।

कालिगुला : नहीं, पैरवी मत करो। इसका उद्देश्य ऐसे ही साफ़ है। यह दुनिया कोई मायने नहीं रखती। और जो यह मानता है, मुक्त हो जाता है। *(उठते हुए)* और वास्तव में, मैं तुमसे नफ़रत करता हूँ क्योंकि तुम मुक्त नहीं हो। पूरे रोम साम्राज्य में सिर्फ़ अकेला मैं स्वतंत्र हूँ। जश्न मनाओ। कम-से-कम तुम्हें एक ऐसा शहंशाह मिला है जो तुम्हें स्वतंत्र होना सिखाएगा। कीरिआ, तुम जाओ। और तुम भी सीप्यों। 'मैत्री' शब्द पर मुझे हँसी आ रही है। जाओ, और रोम में यह एलान कर दो कि उसकी स्वतंत्रता अन्ततः लौटा दी गई है। और इसके साथ अब शुरू होगा एक महान परीक्षण।

[सब बाहर चले जाते हैं। कालिगुला मुड़कर दूर चला जाता है।]

दृश्य : 11

सीज़ोनिया : तुम्हारी आँखों में आँसू?

कालिगुला : हाँ, सीज़ोनिया।

सीज़ोनिया : लेकिन आखिर क्या बदल गया है? अगर यह सच भी हो कि तुम ड्रसिला से प्यार करते थे,

तो साथ-साथ उसी समय मुझे तथा और भी बहुतों को प्यार करते थे। इसलिए यह कोई कारण नहीं हुआ कि उसकी मौत तुम्हें तीन दिन और तीन रातों के लिए जंगल में खदेड़ दे और फिर तुम वापस लौटो ऐसी भयंकर मुख-मुद्रा लेकर!

कालिगुला : *(उसकी ओर घूमकर)* तुमसे ड्रसिला की बात किसने की, बेवकूफ! क्या तुम इतनी भी कल्पना नहीं कर सकतीं कि कोई पुरुष प्यार के अलावा किसी और चीज़ के लिए भी रो सकता है?

सीज़ोनिया : क्षमा करो केईयस! मैं तुम्हें समझने की कोशिश कर रही थी।

कालिगुला : लोग रोते हैं, क्योंकि कोई भी चीज़ जैसी होनी चाहिए, नहीं है। *(वह उसकी ओर जाती है)* छोड़ो सीज़ोनिया, *(वह पीछे हट जाती है)* लेकिन मेरे करीब ही रहो।

सीज़ोनिया : मैं वही करूँगी जो तुम चाहोगे। *(बैठ जाती है)* मेरी उम्र तक पहुँचकर सभी जान जाते हैं कि ज़िन्दगी सुख का कोई सपना नहीं। लेकिन अगर दुनिया में तकलीफ पहले से ही है तो उसमें और जोड़ने की क्या ज़रूरत है?

कालिगुला : यह तुम नहीं समझ सकतीं। फायदा भी क्या है? मैं शायद ही कोई समाधान निकाल पाऊँ।

मैं अपने अन्दर एक सम्भ्रम-सा महसूस कर रहा हूँ जैसे बिना नाम-रूप के जीव ऊपर उठ रहे हों और उनके विरोध में मैं कुछ नहीं कर पा रहा होऊँ। *(उसकी ओर मुड़ता है)* ओ सीज़ोनिया, मैं जानता था कि हम मायूस हो सकते हैं; लेकिन इस शब्द का मतलब क्या है, मुझे मालूम नहीं था। सारी दुनिया की तरह मैं भी यही समझता था कि यह कोई आत्मा का दु:ख है, हृदय की व्यथा है। लेकिन नहीं, मेरे तो शरीर में तकलीफ है। मेरी त्वचा जैसे जल रही है, मेरे वक्षस्थल में, अंग-अंग में वेदना है। मस्तिष्क घूम रहा है। जी मुँह को आ रहा है। और सबसे ज़्यादा भयावह है मुँह का जायका : न लहू, न मौत, न ज्वर, लेकिन सब एक ही साथ। ज़रा-सी ज़ुबान घुमाने से ही पूरी दुनिया मुझे अन्धकार-भरी दिखती है और सब लोगों से मुझे नफ़रत होने लगती है! कितना दर्द-भरा, कितना कठिन है, मनुष्य बनना!

सीज़ोनिया : तुम्हें इस समय सोने की ज़रूरत है, देर तक सोने की। एकदम आराम से सो जाओ। कुछ मत सोचो। मैं यहाँ बैठकर तुम्हारी नींद का ध्यान रखूँगी। जब उठोगे तो दुनिया तुम्हें फिर से सुहावनी लगेगी। तब अपनी शक्ति का सदुपयोग,

जिसे भी चाहो और ज़्यादा चाहने में, करना। जो सम्भव है उसे भी तो अपना मौका इस्तेमाल करने का हक़ है।

कालिगुला : लेकिन उसके लिए मुझे नींद की ज़रूरत है, बेफिक्री की ज़रूरत है, यह सम्भव नहीं है।

सीज़ोनिया : हाँ, जब हम हद से ज़्यादा थके हों तो ऐसा ही लगता है। लेकिन फिर जल्द ही हमारे हाथ मजबूत हो जाते हैं।

कालिगुला : लेकिन यह मालूम होना चाहिए कि उनसे क्या काम लेना है। मुझे मजबूत हाथों से, इतनी अद्भुत शक्ति से क्या फायदा अगर मैं प्रकृति का क्रम ही न बदल सकूँ? अगर मैं सूर्य को पूर्व में छिपने के लिए मजबूर न कर सकूँ? मनुष्य के दुःख कम न कर सकूँ? यह सम्भव न कर सकूँ कि वह कभी मरे नहीं? नहीं सीज़ोनिया, अगर इस संसार को चलाने का हक मुझे नहीं मिलता, तो मैं सोऊँ या जागूँ, कोई फ़र्क नहीं पढ़ता।

सीज़ोनिया : लेकिन यह चाहना तो भगवान् की बराबरी करना है! इससे बड़ी बेवकूफी और क्या हो सकती है?

कालिगुला : अब तुम भी? तुम भी मुझे पागल समझती हो? और आखिर ये भगवान् है क्या, जिससे मैं

बराबरी की कामना करूँ? मैं जो आज अपनी सारी ताकतों से माँग रहा हूँ, वह ताकत सब भगवानों से ऊँची है। मैं उस राज्य की बागडोर अपने हाथ में ले रहा हूँ जहाँ कि एक असम्भव राजा है।

सीज़ोनिया : तुम यह कभी सम्भव नहीं कर पाओगे कि आकाश, आकाश न रहे, या एक खूबसूरत चेहरा कभी झुर्रियों से भद्दा न पड़े, या एक मनुष्य का हृदय कभी अचेत न हो।

कालिगुला : *(बढ़ते हुए उत्साह से)* मैं चाहता हूँ ज़मीन-आसमान को एक कर दूँ बदसूरती और सौन्दर्य को सम्भ्रमित कर दूँ तड़पते दु:ख को हँसने पर मजबूर कर दूँ।

सीज़ोनिया : *(उसके सामने आकर प्रार्थना करती हुई)* संसार में अच्छाई भी है, बुराई भी, ऊँचाई भी है, नीचाई भी, न्याय और अन्याय भी; और यह सब कभी बदल नहीं सकता।

कालिगुला : *(उसी उत्साहित वेग में)* मेरी इच्छा है कि यह सब बदले। इस सदी को मैं एकरूपता का उपहार दूँगा। और, जब सब एकरूप हो जाएगा, असम्भव पृथ्वी पर होगा, चाँद मेरे हाथों में, तब शायद मैं खुद भी बदल जाऊँगा और मेरे साथ यह संसार भी! तब आखिरकार मनुष्य मरेंगे नहीं, और सुखी होंगे।

सीज़ोनिया : *(चिल्लाकर)* तुम प्यार का निषेध फिर भी नहीं कर पाओगे।

कालिगुला : *(क्रोध में पागल होकर)* प्यार!...सीज़ोनिया!... *(उसे कन्धों से पकड़कर हिला देता है)* अब मैं समझ गया हूँ यह कुछ भी नहीं था। वह कुछ और है जो मायने रखता है—सार्वजनिक खज़ाना। तुम यह अच्छी तरह समझ चुकी हो, है ना? सब कुछ इसी पर निर्भर है। आह! अब कम-से-कम मैं जी तो सकूँगा। जीना, सीज़ोनिया, जीना प्यार करने से एकदम उलट है। यह मैं तुमसे कह रहा हूँ। और मैं ही तुम्हें एक विशाल समारोह में आमंत्रित कर रहा हूँ। वहाँ एक आम मामले की अदालती सुनवाई होगी, अनूठा कौशल देखने को मिलेगा। अब मुझे ज़रूरत है बहुत से लोगों की, दर्शकों की, फरियादियों की और अभियोगियों की।

[तेज़ी से कूदकर घंटे की ओर आता है और बहुत तेज़ गति से उसको बजाने लगता है।]

कालिगुला : *(घंटे को लगातार बजाते हुए)* अभियोगियों को मेरे सामने लाया जाए। मुझे अभियोगियों की ज़रूरत है। और वे सभी अभियोगी हैं। *(घंटे पर लगातार प्रहार किए जा रहा है)* मैं चाहता हूँ

कि मृत्युदंड दिए जानेवाले अपराधी पेश किए जाएँ। प्रजा, कहाँ है मेरी प्रजा-न्यायाधीश, गवाह, अभियोगी, पहले से ही दोषी, आह! सीज़ोनिया, मैं इन्हें वह दिखाना चाहता हूँ जो इन्होंने पहले कभी नहीं देखा होगा इस साम्राज्य का एक अकेला, स्वच्छन्द आदमी।

[घंटे की घनघनाहट के साथ राजभवन धीरे-धीरे बढ़ते और निकट आते हुए कोलाहल से भर जाता है। चीखने चिल्लाने की आवाज़, अस्त्रों का शोर, भारी कदम व भगदड़। कालिगुला हँसता है लगातार घंटा बजाए जाता है। गार्ड अन्दर आते हैं, फिर बाहर चले जाते हैं।]

कालिगुला : *(घंटा बजाते हुए)* और तुम सीज़ोनिया, तुम मेरी आज्ञा का पालन करोगी। तुम हमेशा मेरी मदद करोगी। कितना अद्भुत होगा! कसम खाओ कि तुम हमेशा मेरी मदद करोगी, सीज़ोनिया!

सीज़ोनिया : *(हैरानी से घंटे की दो चोटों के बीच में)* मुझे कसम खाने की क्या ज़रूरत है, मैं तो तुम्हें प्यार करती हूँ।

कालिगुला : *(उसी तरह)* तुम वह सब करोगी जो मैं तुमसे कहूँगा।

सीज़ोनिया : सबकुछ, कालिगुला, लेकिन अब बस करो।

कालिगुला : *(अभी तक बजाते हुए)* तुम क्रूर बनेगी!

सीज़ोनिया : (रोते हुए क्रूर बनूँगी!

कालिगुला : कठोर और निर्दयी!

सीज़ोनिया : निर्दयी!

कालिगुला : *(उसी लहजे में)* तुम्हें तकलीफ भी सहनी पड़ेगी।

सीज़ोनिया : हाँ कालिगुला, लेकिन मैं पागल हो रही हूँ।

[सामन्त अन्दर आ गए हैं, बहुत हड़बड़ाए हुए हैं। उनके साथ राजभवन के और लोग भी हैं। कालिगुला एक अखिरी प्रहार करता है। अपना मुगदर उठाता है। तेज़ी से उनकी तरफ घूमकर उन्हें गरजती आवाज़ में बुलाता है।]

कालिगुला : *(उन्मत्त दशा में)* सब इधर आओ, पास आओ। मैं तुम्हें पास आने का हुक्म देता हूँ। एक सम्राट तुमसे पास आने की उम्मीद कर रहा है। *(सब बहुत डरे हुए पास आते हैं)* जल्दी चलो। और सीज़ोनिया, अब तुम पास आओ।

[व्यग्रता से उसे हाथ से खींचकर दर्पण के पास लाता है, अपने मुगदर से, क्रोधोन्मत्त, दर्पण पर से जैसे एक प्रतिबिम्बि मिटाता है। हँसता है।]

कालिगुला : अब कुछ नहीं है! देखा तुमने! कोई पुरानी स्मृतियाँ नहीं, कोई चेहरे नहीं, कुछ भी नहीं।

और जानती हो तुम, क्या बाक़ी बचा है, और पास आओ—देखो, पास आओ, देखो।

[दर्पण के सामने आकर खड़ा हो जाता है, एमदम पागल मुद्रा में।]

सीज़ोनिया : *(दर्पण देखकर डर से चिल्लाती है)* कालिगुला!

[कालिगुला अपनी एक उँगली दर्पण पर रखता है और अचानक उसे स्थिर दृष्टि से देखता है।]

कालिगुला : *(अब अपनी बदली हुई विजयी आवाज़ में स्वयं को अभिभावक समझता हुआ।)* कालिगुला!

[पर्दा।]

अंक : दो

दृश्य : 1

[सभी सामन्त कीरिआ के यहाँ एकत्रित हुए हैं।]

पहला सामन्त : ये हमारी प्रतिष्ठा का तिरस्कार करता रहा है।

म्यूशियस : पिछले तीन सालों से लगातार!

वृद्ध सामन्त : मेरा उपहास करने के लिए मुझे 'प्रियतमा' कहकर सम्बोधित किया! इसे मौत क्यों नहीं आती!

म्यूशियस : लगातार तीन सालों से!

पहला सामन्त : इसने हमें, हर शाम घूमने जाने के समय अपनी पालकी के चारों ओर दौड़ने पर मजबूर किया है।

वृद्ध सामन्त : और हमेशा कहा है कि भागना सेहत के लिए लाभदायक होता है।

म्यूशियस : लगातार तीन सालों से!

वृद्ध सामन्त : बिना वज़ह यह सब किया है इसने।

तीसरा सामन्त : नहीं, इसे माफ़ नहीं किया जा सकता।

पहला सामन्त : पात्रीशियस, इसने तुम्हारा सब सामान ज़ब्त कर लिया। सीप्यों, इसने तुम्हारे पिता को मरवा डाला। आम्टेवियस, यह तुम्हारी पत्नी को उठा ले गया और अब उससे अपने राजकीय वेश्यालय में काम करवाता है। लैपिदस, इसने तुम्हारे पुत्र को मरवा दिया। कब तक सहते रहोगे तुम यह सब? मैंने तो अपना रास्ता चुन लिया है। यहाँ से भागने के ज़ोखिम, डर और लानत में पड़ी इस असह्य ज़िन्दगी के बीच अब मुझे कोई दुविधा नहीं रही।

सीप्यों : मेरे पिता का वध करके उसने मेरे लिए भी रास्ता आसान कर दिया।

पहला सामन्त : *(अन्य सभी से)* और तुम लोग अब भी हिचकिचाते रहोगे?

तीसरा सामन्त : हम सब तुम्हारे साथ हैं। उसने हमारी रंगभूमि का हिस्सा सर्व-साधारण को दे दिया। हमें उनसे झगड़ा करने के लिए भड़काया, ताकि बाद में, इसी बहाने हमें कड़ी सज़ा दी जा सके।

वृद्ध सामन्त : वह तो कायर है।

दूसरा सामन्त : अत्याचारी है।

तीसरा सामन्त : पाखंडी है।

वृद्ध सामन्त : लाचार है।

चौथा सामन्त : पिछले तीन सालों से!

[उत्तेजित हंगामा। कुछ लोग अस्त्र दिखाकर धमकी दे रहे हैं। एक शमादान गिरता है। कोई मेज़ पलट देता है। सब लोग निकास की ओर भागते हैं। तभी कीरिआ, अनाकुल और शान्त मुद्रा में भीतर आता है और इस प्रबल जन-समुदाय को थाम-सा लेता है।]

दृश्य : 2

कीरिआ : इस तरह कहाँ भागे जा रहे हैं आप लोग?

तीसरा सामन्त : राजभवन।

कीरिआ : मैं अच्छी तरह समझ गया, लेकिन क्या आप समझते हैं कि वहाँ अपको अन्दर जाने दिया जाएगा?

पहला सामन्त : अब इजाज़त लेने की ज़रूरत नहीं।

कीरिआ : अब आप लोगों में एकदम बड़ा जोश आ गया? कम-से-कम मुझे अपने घर में तो बैठने की इजाज़त मिल सकती है?

[दरवाज़ा बन्द हो जाता है। कीरिआ पलटी हुई मेज़ के पास जाकर उसके एक कोने

पर बैठ जाता है सब उसकी ओर उम्मीद से देखते हैं।]

कीरिआ : दोस्तो, यह इतना आसान नहीं है जितना आप समझते हैं। आपके मन में जो डर बैठा हुआ है वह आपको हिम्मत और इत्मीनान से नहीं सोचने दे रहा। आप लोग बहुत जल्दबाज़ी कर रहे हैं।

तीसरा सामन्त : तुम अगर हमारा साथ नहीं देना चाहते तो चले जाओ। लेकिन अपनी ज़बान बन्द रखो।

कीरिआ : यों तो मैं आपके साथ हूँ, लेकिन मेरे उद्‌देश्य वे नहीं हैं जो आपके हैं।

तीसरा सामन्त : बहुत बकवास हो चुकी।

कीरिआ : *(सीधा खड़ा होकर)* हाँ, बकवास वाकई बहुत हो चुकी। मैं चाहता हूँ कि यह मामला ज़रा साफ़ हो जाए। हालाँकि मैं आपके साथ हूँ लेकिन आपके पक्ष में नहीं हूँ। इसीलिए आपका तरीका मुझे ठीक नहीं लग रहा। आप अपने असली शत्रु को तो अभी पहचान नहीं पाए हैं और उसके नाम पर छोटे-छोटे कारण ढूँढ़कर उलझे जा रहे हैं। कारण बहुत विस्तृत हैं और आप भाग रहे हैं सिर्फ़ गिरने के लिए। सबसे पहले यह समझने की कोशिश कीजिए कि जब आप उसका सच्चा रूप देख लेंगे तो मुकाबला भी बेहतर ढंग से कर सकेंगे।

तीसरा सामन्त : हम जानते हैं उसका सच्चा रूप अत्याचारियों में भी सबसे ज़्यादा निर्दयी!

कीरिआ : यह ठीक नहीं है। हमें मालूम है कि इतिहास में अनेक उन्मत्त शासक हुए हैं, लेकिन उन्हें हम पागल नहीं कह सकते। और उसके बारे में जो मुझे बिलकुल नापसन्द है, वह यही कि वह अच्छी तरह जानता है कि उसे क्या चाहिए।

तीसरा सामन्त : हम सबकी मौत!

कीरिआ : नहीं, नहीं! यह उसका मुख्य ध्येय नहीं है बल्कि उसने अपनी पूरी शक्ति एक और भी कट्टर और घातक लालसा की पूर्ति में लगा दी है, ताकि ज़िन्दगी में वह सबकुछ जिसे हम बहुत पावन मानते हैं, जड़ से ही ख़त्म हो जाए। बेशक, हमारे लिए यह पहला मौका नहीं है कि किसी एक आदमी के पास इतनी असीमित शक्ति हो, लेकिन यह पहला ही मौका है कि वह इसका उस हद तक निरंकुश इस्तेमाल करे कि मनुष्य और दुनिया दोनों का नामोनिशान ही मिट जाए। ये सर्वनाश करने की प्रवृत्ति उसमें है, इससे मैं डर रहा हूँ, और इसी का मुकाबला मैं करना चाहता हूँ। ज़िन्दगी खो देना कोई बड़ी बात नहीं, और जब इसकी ज़रूरत पड़ेगी, तो इतनी हिम्मत मुझमें होगी। लेकिन आँखों के सामने जीवन के निहित अर्थ का ही क्षय हो

जाए, हमारे अस्तित्व का आधार ही लुप्त हो जाए, यह असहनीय है। बिना किसी कारण के हम कैसे जी सकते हैं?

पहला सामन्त : प्रतिशोध एक कारण है।

कीरिआ : हाँ! यहाँ मैं तुमसे सहमत हूँ, लेकिन याद रखो, तुम्हारी इस छोटे-छोटे अपमान करने की आदत में मेरा कोई साझा नहीं। मैं सिर्फ़ उस महत्त्वाकांक्षी मनोवृत्ति से संघर्ष करने के लिए तुम्हारा समर्थक हूँ जिसकी जीत मानव-जगत का अन्त सिद्ध होती हो। मैं यह स्वीकार करता हूँ कि आप लोगों का उपहास किया जा रहा है, लेकिन यह स्वीकार नहीं कर सकता कि कालिगुला वह सब करने में सफल हो जाए जिसे करने का वह सपना देख रहा है, वह सब, जो वह करना चाहता है। वह अपने सिद्धान्त को मनुष्य के शवों में बदल रहा है, और बदकिस्मती हमारी कि उसकी पद्धति एकदम निर्दोष है। जब हम उसे गलत साबित नहीं कर सकते तो निस्सन्देह वार ही करना चाहिए।

तीसरा सामन्त : इसका मतलब हमें शीघ्र ही काम में जुट जाना चाहिए।

कीरिआ : कुछ तो करना ही होगा, लेकिन इस अन्यायी शक्ति को, जो इस वक़्त परिपक्व अवस्था में

है, तुम खुलेआम, सीधा वार करके नष्ट नहीं कर सकते। ऐसे विद्वेषी अत्याचारी का प्रतिरोध सिर्फ़ चालाकी से किया जा सकता है। पहले उसका समर्थन करो, चुपचाप सब कुछ सहकर प्रतीक्षा करो जब तक कि यह तर्क अपनी असीम प्रचंडता पर पहुँच न जाए। लेकिन एक बार फिर, ईमानदारी से आपको याद दिला दूँ कि मैं आपके साथ सिर्फ़ इस संघर्ष-भर के लिए हूँ। इसके बाद मैं किसी भी तरह आपके किसी काम न आ सकूँगा। मेरी अभिलाषा सिर्फ़ एक नए संसार में पुन: शान्ति ढूँढ़ना है। आपके साथ काम करने का कारण कोई व्यक्तिगत लालसा या गौरव की आकांक्षा नहीं, बल्कि वह दहशत है जो मुझे उस अमानवीय सम्भावना के आभास से हो रही है, जिसमें कि मेरे जीवन का या समूचे मानव-जीवन का महत्त्व एक धूलिकण जितना भी न होगा।

पहला सामन्त : *(पास आते हुए)* मेरा खयाल है मैं तुम्हारी बात करीब-करीब समझ गया हूँ, लेकिन ज़रूरी है कि तुम हमारी ही तरह यह अनुभव कर सको कि हमारे समाज की नींव हिल गई है। हमारे लिए, *(सबको सम्बोधित करते हुए)* आप सब समझते हैं न, इस वक़्त सबसे बड़ी समस्या है नैतिक पतन की। पारिवारिक जीवन बिखर

गया है। श्रम का कोई महत्व नहीं रह गया। सारे राज्य में निर्भीकता से अधार्मिकता फैल गई है। सदाचार जैसे हमें अपनी मदद के लिए पुकार रहा है। क्या हम उसे सुनने से इनकार कर दें? साथियो, कब तक यह स्वीकार करोगे कि सामन्तगण हर शाम सीज़र की पालकी के पीछे भागने को मजबूर हों।

वृद्ध सामन्त : कब तक इजाज़त दोगे इन लोगों को कि ये उन्हें 'प्रियतमा' कहकर पुकारें?

तीसरा सामन्त : या कि उनकी पत्नी का अपहरण कर लें।

दूसरा सामन्त : या बच्चों को उठा ले जाएँ?

म्यूशियस : या उनकी सम्पत्ति ज़ब्त कर लें।

पाँचवाँ सामन्त : नहीं।

पहला सामन्त : कीरिआ, तुमने ठीक कहा। यह भी अच्छा हुआ कि तुमने हम सबको शान्त कर दिया। आक्रमण के लिए अभी वाकई बहुत जल्दी है : अभी तो प्रजा भी हमारे प्रतिकूल होगी। तो क्या तुम भी हमारे साथ मौके की घात में रहना चाहोगे? वक़्त आते ही हम एक निर्णायक प्रहार करेंगे।

कीरिआ : हाँ! मैं तुम्हारे साथ हूँ। कालिगुला को बिलकुल मत छेड़ो। जो कुछ वह करना चाहता है, शौक से करने दो। उसके पागलपन को तरतीब से बढ़ने दो। एक दिन आएगा जब एक ओर वह

अकेला होगा और दूसरी तरफ यह साम्राज्य... मरे हुए लोगों और उनके सगे-सम्बन्धियों से भरा हुआ।

[चारों तरफ हंगामा। बाहर से तुरही की आवाज़। सब स्तब्ध हैं। होंठों पर एक ही नाम है, 'कालिगुला'।]

दृश्य : 3

[अवाक् दृश्य।]

[कालिगुला व सीज़ोनिया आते हैं। उनके पीछे हैलिकों व सैनिक। कालिगुला रुकता है। षड्यंत्रकारियों को गौर से देखता है—एक-एक को, बारी-बारी। किसी का कमरबन्द रुककर कसता है। कहीं से वापस मुड़ता है, किसी पर दुबारा गौर करने के लिए। फिर ध्यान से देखता है। अपना हाथ अपनी आखों तक लाता है। धीरे-धीरे निश्चित कदमों से, बिना एक भी शब्द कहे चला जाता है।]

दृश्य : 4

सीज़ोनिया : *(व्यंग्य से, कक्ष की अस्त-व्यस्त हालत को दिखाकर)* तुम लोग क्या युद्ध कर रहे थे?

कीरिआ : हाँ, हम लोग झगड़ पड़े थे।

सीज़ोनिया : *(उसी आवाज़ में)* और, क्यों झगड़ पड़े थे तुम लोग?

कीरिआ : ऐसे ही। बिना किसी बात के।

सीज़ोनिया : यह कैसे हो सकता है?

कीरिआ : क्या कैसे हो सकता है?

सीज़ोनिया : यही कि तुम लोग लड़ रहे थे।

कीरिआ : चलो ठीक है, हम नहीं लड़ रहे थे।

सीज़ोनिया : *(मुस्कराते हुए)* कमरा ज़रा सँवार लो तो अच्छा रहेगा। कालिगुला को इतनी अव्यवस्था से सख़्त नफ़रत है।

हैलिकों : *(वृद्ध सामन्त से)* तुम लोग जरूर उन्हें आपे से बाहर करके रहोगे।

वृद्ध सामन्त : लेकिन, आखिर क्या बिगाड़ा है हमने उसका?

हैलिकों : कुछ भी नहीं, बिलकुल कुछ नहीं। क्या यह बात मानने लायक है कि आप लोग एकदम अनभिज्ञ हैं, अनातुर हैं? जैसे यहाँ कुछ हो ही नहीं रहा? अपने-आपको कालिगुला की जगह रखकर देखो। *(कुछ देर खामोशी)* आप लोग,

खुलेआम किसी साज़िश में लगे हुए थे। क्या मैं गलत कह रहा हूँ?

वृद्ध सामन्त : यह बे-बुनियाद है। क्या शक है उसे?

हैलिकों : शक नहीं, पूरा विश्वास है। हो सकता है, तथ्य की जड़ में वह ऐसा ही चाहता हो। खैर! चलो सब मिलकर यह कमरा ज़रा ठीक करें।

[सब काम में लग जाते हैं। कालिगुला आता है और चुपचाप देखता रहता है।]

दृश्य : 5

कालिगुला : *(वृद्ध सामन्त से)* नमस्कार! मेरी जान! *(बाकियों से)* कीरिआ, मैंने तुम्हारे यहाँ जलपान करने का फैसला किया है। म्यूशियस, मैंने तुम्हारी पत्नी को आमंत्रित किया है।

[व्यवस्थापक ताली बजाता है। एक गुलाम आता है, लेकिन कालिगुला उसे रोक लेता है।]

कालिगुला : ज़रा ठहरो! महानुभाव, आप सब तो जानते हैं कि राज्य की आर्थिक स्थिति कुछ पुराने दस्तूरी खर्चों की वजह से अच्छी नहीं चल रही। कल

से तो औपचारिक रस्म निभाना भी मुश्किल हो गया है। इसीलिए मैं अपने कर्मचारियों की संख्या में कटौती करने की कष्टकारी विवशता महसूस कर रहा हूँ। मैंने त्याग की भावना से, मुझे विश्वास है इसे आप समझेंगे, अपने निजी सेवकों में से कुछ गुलाम हटा दिए हैं। उन्हीं की जगह आपको अपनी सेवा में नियुक्त कर रहा हूँ। आप ध्यान से टेबल लगाकर खाना खिलाएँगे।

[सामन्त एक-दूसरे का मुँह देख रहे हैं, हिचकिचा रहे हैं।]

हैलिकों : आइए श्रीमान्, खुशी-खुशी आगे बढ़िए। वैसे आप देख रहे होंगे कि सामाजिक सीढ़ी पर ऊपर चढ़ने के बजाय, नीचे उतरना ज़्यादा आसान है।

[सामन्त सकुचाते हुए अपनी जगह से हटना शुरू होते हैं।]

कालिगुला : *(सीज़ोनिया से)* आलसी नौकरों के लिए क्या सज़ा निर्धारित है?

सीज़ोनिया : मेरे खयाल से, कोड़ों की मार!

[यह सुनते ही सभासद जल्दी-जल्दी काम में लगते हैं और बहुत ही अनाड़ीपन से टेबल लगाना शुरू करते हैं।]

कालिगुला : देखो, ज़रा ध्यान से काम करो! तरीके से! तरीके से काम करना बहुत ज़रूरी है। *(हैलिकों से)* मुझे लगता है, इन लोगों के हाथ टूट गए हैं?

हैलिकों : वास्तव में, इनके हाथ कभी थे ही नहीं—न मारने के लिए, न शासन करने के लिए। कुछ इन्तज़ार करना ज़रूरी होगा, बस। सामन्त एक दिन में बनाया जा सकता है, लेकिन एक श्रमिक को बनाने में दस साल का समय चाहिए।

कालिगुला : लेकिन मुझे डर है कि एक सामन्त को मजदूर बनाने में पूरे बीस साल लगेंगे।

हैलिकों : चाहे जैसे हो, बन तो जाते हैं। मेरे विचार में इनमें इसकी योग्यता है। गुलामी इन्हें जँचेगी भी। *(एक सामन्त पसीना पोंछता है)* वह देखो, इन्हें तो पसीना भी आने लगा। एक दिन का काम हो गया!

कालिगुला : ठीक है! और ज़्यादा काम मत करवाओ। वैसे इतना बुरा नहीं था, और फिर थोड़ा सा इंसाफ हमेशा ही अच्छा रहता है। ओह... इंसाफ के जिक्र से याद आया—हमें जल्दी करनी चाहिए : मौत की एक सज़ा मेरी वज़ह से रुकी हुई है। आह! 'रूफियस' तुम्हारी किस्मत अच्छी है कि मुझे तत्काल भूख लग आई। *(बड़ी गोपनीयता से)* रूफियस नाम है उस घुड़सवार का जिसे यह सज़ा होनी है।

(कुछ देर खामोशी) तुम मुझसे यह नहीं पूछ रहे कि उसे मौत की सज़ा क्यों हुई?

[हर तरफ सन्नाटा? इसी बीच गुलाम सेवक खाना ले आते हैं और लगा देते हैं।]

कालिगुला : *(अच्छे मिज़ाज़ में)* तो, मैं देख रहा हूँ तुम लोग अब होशियार हो गए हो? *(एक जैतून को, जैसे खेलते हुए कुतरता है)* अब तुम यह समझ गए हो कि मौत की सज़ा के लिए कुछ करना ज़रूरी नहीं होता। सैनिको, मैं तुमसे बहुत खुश हूँ। क्यों, ठीक है ना हैलिकों?

[जैतून कुतरने के लिए रुकता है और शेष मेहमानों की और परिहासपूर्ण आँखों से देखता है।]

हैलिकों : बेशक! कितनी बढ़िया सेना है। मेरी राय जानना चाहते हो तो ये लोग अब कुछ ज़्यादा ही होशियार हो गए हैं और अब आपस में लड़ना नहीं चाहेंगे। और अगर इसी तरह उन्नति करते रहे तो एक दिन यह साम्राज्य तबाह हो जाएगा।

कालिगुला : ठीक है! हम कुछ आराम कर लें। कैसे भी, कहीं भी बैठ जाओ ऊँचे-नीचे का कोई नियम नहीं। कुछ भी हो, रूफियस की किस्मत अच्छी है। और मुझे यकीन है कि वह इस मुहलत की

कीमत नहीं समझेगा। मौत से चाहे कुछ ही घंटे क्यों न जीते जाएँ, वे अनमोल होते हैं।

[वह खाना खाता है, शेष सब भी। यह ज़ाहिर होने लगता कि कालिगुला को टेबल पर बैठना नहीं आता। बड़ी फूहड़ता से खाना खाता है। जैतून खाकर; गुठली बराबर वाले की प्लेट में डालता है। बार-बार प्लेट में मांस के कण थूकता-सा रहता है, उँगलियों से दाँत कुरेदता है, बड़ी उग्रता से अपना सिर खुजाता है। बिना किसी झिझक के लगातार उसका यही क्रम रहता है। अचानक, खाना रोककर एक मेहमान—लैपिदस—को घूरने लगता है और बड़े रूखेपन से कहता है—]

कालिगुला : *(लैपिदस से)* तुम बड़े खराब मिज़ाज में दिख रहे हो। कहीं यह इसलिए तो नहीं कि मैंने तुम्हारे बेटे को मरवा दिया?

लैपिदस : *(रुँधी आवाज़ मैं)* नहीं...नहीं...केईयस, इसके विपरीत...।

कालिगुला : *(खुशी से फूला हुआ)* इसके विपरीत! आहा! मुझे बेहद पसन्द है कि चेहरा अन्दर की परेशानियों को हमेशा छुपाए रखे। तुम्हारा चेहरा उदास है। लेकिन तुम्हारा दिल ?...इसके विपरीत यही ना लैपिदस?

लैपिदस : *(कृत संकल)* इसके विपरीत सीज़र!

कालिगुला : *(और ज़्यादा मजा लेते हुए)* आह! लैपिदस, आज मुझे कोई भी तुमसे ज़्यादा प्रिय नहीं। तुम चाहते हो हम साथ-साथ हँसे? अच्छा मुझे कोई दिलचस्प किस्सा सुनाओ।

लैपिदस : *(जिसने अपनी सहनशक्ति का गलत अन्दाज़ा लगाया था)* केईयस!

कालिगुला : ठीक है, ठीक है, फिर मैं सुनाऊँगा। लेकिन तुम हँसोगे न, क्यों लैपिदस? *(उसे दुष्टता से देखते हुए)* अपने दूसरे पुत्र के लिए ही सही! *(एक और ठहाका मारकर)* और फिर तुम्हारा स्वभाव बुरा नहीं है। *(एक घूँट पेय लेकर, उसे उकसाते हुए)* इसके...इसके...क्या कह रहे थे लैपिदस?

लैपिदस : *(ऊबते हुए)* इसके विपरीत केईयस!

कालिगुला : बहुत बढ़िया। *(एक घूँट पीता है)* *अच्छा अब सुनो। (अतीत में सोचता हुआ)* एक समय की बात है। एक युवा राजा था। उसे कोई भी नहीं चाहता था। लेकिन उसके मन में लैपिदस के लिए बहुत प्रेम था। इस प्रेम को हमेशा के लिए ख़त्म करने के खयाल से उसने लैपिदस के छोटे पुत्र को मरवा दिया। *(आवाज़ में बनावटीपन लाकर)* वास्तव में यह सच नहीं है। हास्यप्रद है। क्यों, ठीक है? तुम तो हँस नहीं रहे? कोई भी नहीं हँस रहा? चलो अब ध्यान से सुनो। *(प्रचंड*

प्रकोप से) मैं चाहता हूँ कि सब हँसें—तुम लैपिदस, और बाक़ी सब भी। खड़े हो जाओ और हँसो। *(मेज़ पीटता है)* मैं तुम्हारे हँसने की आवाज़ सुनना चाहता हूँ। तुम्हें हँसते हुए देखना चाहता हूँ।

[सब उठ खड़े होते हैं। इस पूरे दृश्य में कलाकार कालिगुला और सीज़ोनिया को छोड़कर कठपुतलियों की तरह अभिनय कर सकते हैं—बेजान, मशीन की तरह।]

कालिगुला : *(अपने पलंग पर बहुत आराम से बैठते हुए बेहद प्रसन्न और लगातार हँसते हुए)* नहीं, लेकिन इन्हें देखो सीज़ोनिया, जैसे साँप सूँघ गया हो। ईमानदारी, सम्मान और क्या कहते हैं? राष्ट्रीय व्यवहार-कुशलता, कुछ नहीं। कोई असर नहीं करते अब इन पर। डर के सामने सब गायब हो जाता है। भय, सुन रही हो सीज़ोनिया, यह सुन्दर मनोभाव बिना किसी मिलावट के, शुद्ध और निष्पक्ष उन विरल चेतनाओं में से एक है जिनके अनोखेपन में जान हमारे उदर की गहराई से आती है *(अपना माथा सहलाता है, एक घूँट और पीता है? आवाज़ में मिठास लाते हुए)* कुछ और बात करते हैं अब। अरे कीरिआ, तुम बड़े चुप बैठे हो?

कीरिआ : मैं बोलने को बिलकुल तैयार हूँ केईयस, देर बस तुम्हारी आज्ञा की है।

कालिगुला : ठीक है, अभी चुप रहो। पहले मैं अपने दोस्त म्यूशियस की बात सुनना चाहूँगा।

म्यूशियस : *(बेदिली से)* जैसी तुम्हारी आज्ञा केईयस!

कालिगुला : आओ, अपनी पत्नी के बारे में हमें कुछ बताओ। पहले तो उसे यहाँ भेज दो, मेरी बाई ओर।

[म्यूशियस की पत्नी कालिगुला के पास आ जाती है।]

कालिगुला : हाँ म्यूशियस बोलो, हम तुम्हारा इन्तज़ार कर रहे हैं।

म्यूशियस : *(खोया हुआ-सा)* मेरी पत्नी...मैं उसे प्यार करता हूँ।

[सभी हँसते हैं।]

कालिगुला : बेशक मेरे दोस्त, बेशक! यह तो बड़ी आम बात है।

[अब तक उसने म्यूशियस की पत्नी को अपने नज़दीक खींच लिया है और बड़ी कामुकता से उसका बायाँ कन्धा चूमे जा रहा है।]

कालिगुला : *(बहुत ही बे-तकल्लुफी से)* वास्तव में जब मैं कमरे में आया, तुम सब मेरे खिलाफ़ साज़िश

कर रहे थे। है ना? तह लगा रहे थे एक खूबसूरत छोटे से षड्यंत्र की, हैं?

वृब्द्ध सामन्त : केईयस, तुम कैसे ये...कह...।

कालिगुला : कोई बात नहीं मेरी जान, बुढ़ापे का लिहाज करना बहुत ज़रूरी है। बिलकुल कोई बात नहीं, सच! तुम लोगों में कोई साहसी काम करने का दम तो है नहीं। ओह, मुझे अभी ध्यान आया—मुझे राज्य के मामले तय करने हैं, लेकिन बाद में। पहले जो उत्कट कामनाएँ प्रकृति ने हमें दी हैं—उनकी तृप्ति होनी चाहिए!

[उठता है और म्यूशियस की पत्नी को खींचता हुआ साथ वाले कमरे में चला जाता है।]

दृश्य : 6

[म्यूशियस उद्धत होकर उठने को होता है। तभी—]

सीज़ोनिया : *(प्यार से)* ओ म्यूशियस, मुझे इस मादक मदिरा का एक और पैग दे दो।

[म्यूशियस, अब गुस्सा पीकर चुपचाप उसे मदिरा दे देता है। सब खामोश हैं, लेकिन

वातावरण में तनाव है, कुर्सियाँ चर्राती हैं, जो भी बातचीत होती है, चिड़चिड़ी और खिंचावपूर्ण सुनाई देती है।]

सीज़ोनिया : ओह! कीरिआ, मुझे अब बताना चाहोगे कि क्यों लड़े थे तुम लोग अभी थोड़ी देर पहले?

कीरिआ : *(बहुत उदासीनता से)* जरूर सीज़ोनिया! ये सब तब शुरू हुआ, जब कि हम यह जानने के लिए बहस कर रहे थे कि काव्य घातक होना चाहिए या नहीं?

सीज़ोनिया : यह तो बड़ी दिलचस्प बात है, हालाँकि मेरी नारी-बुद्धि से परे है। लेकिन फिर भी, मैं तुम्हारे कला-प्रेम की दाद देती हूँ जिसकी वज़ह से तुम लोग हाथापाई पर उतर आए!

कीरिआ : *(उसी उदासीनता से)* बिलकुल, कालिगुला ने खुद ही मुझे बताया था कि हरेक भावना की गहराई में किसी-न-किसी क्रूरता का होना लाज़मी है।

हैलिकों : और हर प्यार में थोड़ी-सी जबर्दस्ती का...।

सीज़ोनिया : *(खाते-खाते)* इस राय में काफ़ी सच्चाई है। क्यों... *(सबसे)* आप लोग क्या कहते हैं?

वृद्ध सामन्त : कालिगुला एक चतुर मनोवैज्ञानिक है।

पहला सामन्त : और उसने हमें हिम्मत पर बड़ा ज़ोरदार भाषण दिया था।

दूसरा सामन्त : उसे अपने सारे विचारों का एक छोटा-सा संकलन बना लेना चाहिए, जो वाकई अनमोल होगा!

कीरिआ : और उसे व्यस्त भी रखेगा। अब तो यह साफ़ ज़ाहिर है कि मन-बहलाव की उसे बड़ी ज़रूरत है।

सीज़ोनिया : *(अब भी कुछ खाते हुए)* तुम्हें यह जानकर खुशी होगी कि उसने भी इस बारे में सोचा है और वह वास्तव में आजकल एक गम्भीर ग्रन्थ लिखने में लगा हुआ है।

दृश्य : 7

[कालिगुला व म्यूशियस की पत्नी आते हैं।]

कालिगुला : म्यूशियस लो, अपनी पत्नी वापस सँभालो। अब यह तुम्हारे साथ रहेगी। लेकिन माफ़ करना, बाहर मुझे कुछ आदेश देने हैं।

[तेज़ी से बाहर चला जाता है। म्यूशियस, जो डर से पीला पड़ गया है, उठता है।]

दृश्य : 8

सीज़ोनिया : यह महान पुस्तक किसी भी प्रसिद्ध कृति से कम नहीं होगी, म्यूशियस! इसमें हमें कोई सन्देह नहीं है।

म्यूशियस : *(अभी तक लगातार उसी दरवाज़े को टकटकी बाँधकर देखते हुए जिससे कालिगुला बाहर गया)* और उसने क्या लिखा है इसमें सीज़ोनिया?

सीज़ोनिया : *(बड़ी लापरवाही से)* ओ, वह मेरी समझ में नहीं आता।

कीरिआ : ओह, तो क्या इसका यह मतलब है कि काव्य भी हिंसक शक्ति के बारे में है?

सीज़ोनिया : मेरे खयाल से।

वृद्ध सामन्त : *(ज़िन्दादिली से)* चलो अच्छा है, जैसाकि कीरिआ ने कहा, यह उसे काम में लगाए रखेगा।

सीज़ोनिया : सो तो है प्रिय, लेकिन इस किताब का नाम जानकर परेशान हो जाओगे।

कीरिआ : क्या नाम है?

सीज़ोनिया : 'तलवार की धार'।

दृश्य : 9

[कालिगुला तेज़ी से आता है।]

कालिगुला : माफ़ कीजिए, लेकिन ये राजकीय काम भी बहुत ज़रूरी हैं। *(व्यवस्थापक से)* तुम अनाज के सारे गोदाम बन्द कर दोगे। मैंने अभी-अभी

सम्बद्ध आदेश पर दस्तखत किए हैं। वह तुम्हें मेरे कमरे में मिल जाएगा।

व्यवस्थापक : लेकिन...

कालिगुला : कल से यहाँ अकाल पड़ेगा।

व्यवस्थापक : लेकिन लोग आपत्ति करेंगे।

कालिगुला : *(दृढ़ता और सुनिश्चितता से)* मैंने कहा, कल से यहाँ अकाल पड़ेगा। सारी दुनिया जानती है, अकाल क्या होता है—एक महामारी, विपत्ति। कल से यहाँ महामारी आएगी। जब मेरा मन करेगा, मैं उसे रोक दूँगा। *(औरों को समझाते हुए)* आखिरकार, मेरे पास बहुत तरीके थोड़े ही हैं यह साबित करने के लिए कि मैं स्वच्छन्द हूँ। किसी एक की स्वच्छन्दता हमेशा दूसरे की तौहीन होती है। यह बड़ी वाहियात बात है। लेकिन हमेशा ऐसा ही होता रहा है। *(म्यूशियस को आँख मारते हुए)* यह बात ध्यान में रखो तो डाह भी कम होती है। *(सोचते हुए)* फिर भी, ईर्ष्या है बड़ी भद्दी चीज़। झूठा घमंड और कल्पना ही इसकी जड़ है। अपनी पत्नी को किसी और की...

[म्यूशियस क्रोध में मुट्ठी भींच लेता है, कुछ कहने के लिए मुँह खोलता है।]

कालिगुला : *(बहुत जल्दी से)* चलो, खाना तो ख़त्म करें। आपको मालूम है कि हैलिकों के साथ बैठकर

हमने काफ़ी काम निबटाया है। एक तो हमने मृत्युदंड पर एक शोध-निबन्ध तैयार किया है, जिसके बारे में हम अभी आपको विस्तार से बताएँगे।

हैलिकों : आपकी राय लेने के विचार से।

कालिगुला : हैलिकों, अब उदारता से खोल दो इनके सामने हमारे कीमती राज़। चलो, पढ़ो, भाग तीन, अनुच्छेद पहला।

हैलिकों : *(उठता है और मशीनी ढंग से पढ़ता है)* मौत की सज़ा यातनाओं से छुटकारा देती है और मुक्त करती है। यह विश्वव्यापी है और अपने उपयोग एवं उद्देश्य, दोनों में ही शक्तिमान और न्यायसंगत है। हम मरते हैं, क्योंकि हम दोषी हैं। हम दोषी हैं, क्योंकि हम कालिगुला के प्रजाजन हैं। वैसे तो सारी दुनिया कालिगुला की प्रजा है। लिहाजा सारी दुनिया दोषी है। इससे यह सिद्ध होता है कि सारी दुनिया मौत की हकदार है। सवाल सिर्फ़ थोड़े से समय और सब्र का है!

कालिगुला : *(हँसते हुए)* क्या सोचते हैं आप लोग इस बारे में? सब्र, धैर्य, है न? यही इस वक़्त आपके लिए एक वरदान है। जानना चाहते हो तो बताता हूँ—आपके इसी एक गुण की सबसे ज़्यादा तारीफ़ करता हूँ मैं।...अच्छा महानुभाव, अब आप लोग

जा सकते हैं। कीरिआ को अब आपकी ज़रूरत नहीं है। सिर्फ़ सीज़ोनिया ठहर जाए...लैपिदस, और ऑम्टेवियस। मैरिआ भी। मैं आप लोगों के साथ अपने राजकीय वेश्यालय के संगठन के बारे में बात करना चाहता हूँ। इससे मैं बहुत परेशान हूँ।

[बाक़ी लोग धीरे-धीरे बाहर जाते हैं। कालिगुला म्यूशियस पर नज़र रखता है।]

दृश्य : 10

कीरिआ : तुम्हारे आदेश का इन्तज़ार है केईयस! क्या समस्या है? क्या वहाँ के कर्मचारी ठीक नहीं?

कालिगुला : नहीं, ये बात नहीं। वहाँ का मुनाफा बहुत कम है।

मैरिआ : तो दाखिले की दर बढ़ा दो।

कालिगुला : मैरिआ, तुम्हारे लिए चुप रहने का यह अच्छा मौका था। अपनी उम्र को देखते हुए इस मामले में तुम्हें कोई दिलचस्पी नहीं होनी चाहिए। और मुझे तुम्हारी राय की ज़रूरत नहीं।

मैरिआ : अरे! तो मुझे रोका क्यों है...तुमने?

कालिगुला : इसलिए कि थोड़ी देर में मुझे एक नीरस सलाह की ज़रूरत पड़ेगी।

[मैरिआ कुछ दूर हट जाता है।]

कीरिआ : और अगर मुझे इजाज़त हो केईयस...इस बारे में एक रसीली सलाह पेश करूँ? मेरे खयाल से दाखिले की दर को बिलकुल नहीं छेड़ना चाहिए।

कालिगुला : हाँ, एकदम ठीक। लेकिन यह ज़रूरी है कि किसी तरह आय बढ़ाई जाए। मैंने अपनी योजना सीज़ोनिया को समझा दी है, और वह अब उसे तुम्हारे सामने रखेगी। मैंने तो मदिरा बहुत ले ली, बड़ी नींद आ रही है।

[लेट जाता है और आँखें बन्द कर लेता है।]

सीज़ोनिया : बहुत सीधी-सी तरकीब है। कालिगुला ने एक नया पुरस्कार-सम्मान शुरू किया है।

कीरिआ : दोनों में सम्बन्ध क्या है?

सीज़ोनिया : है—एक खास सम्बन्ध। इस विशेष गौरव का नाम होगा 'सिविक हीरो पुरस्कार'। यह उस नागरिक को दिया जाएगा जो राजकीय वेश्यालय में बार-बार जानेवालों में भी सबसे ज़्यादा गया हो!

कीरिआ : कमाल कर दिया!

सीज़ोनिया : हाँ, बड़ा बेजोड़ खयाल है। मैं यह बताना तो भूल ही गई कि यह पुरस्कार हर महीने, दाखिले की टिकट-जाँच के बाद दिया जाएगा। और ऐसे नागरिक को, जो यह सम्मान पाने में साल के अन्त तक भी असफल रहेगा, या तो देशनिकाला दे दिया जाएगा या मौत की सज़ा!

तीसरा सामन्त : ये, 'या' मौत की सज़ा क्यों?

सीज़ोनिया : क्योंकि कालिगुला समझता है, इसका कोई खास मतलब नहीं है। ज़रूरी सिर्फ़ यह कि उसे अपनी सज़ा चुनने का मौका दिया जाए।

कीरिआ : वाह! अब तो सरकारी खज़ाना अपना सब पुराना घाटा पूरा कर लेगा।

हैलिकों : और ध्यान रखो, बड़े नीतिसंगत तरीके से। किसी भी दशा में पाप की कीमत और ऊँची लगाना, सद्गुण को ठगने से कहीं बेहतर है—जैसाकि गणतांत्रिक समाजों में अक्सर होता है।

[मैरिआ कालिगुला से दूर रखे अपने बैग में से एक छोटी-सी बोतल निकालकर एक घूँट लेता है। तभी कालिगुला अपनी आँखें आधी खोलता है और उसे देख लेता है।]

कालिगुला : *(लेटे-लेटे)* तुम क्या पी रहे हो मैरिआ?

मैरिआ : ये मेरे दमे की दवाई है केईयस!

[कालिगुला बाक़ी लोगों को हाथ से हटाता हुआ मैरिआ के पास जाता है और उसका मुँह सूँघता है।]

कालिगुला : नहीं, ये तो कोई विषनाशक औषधि थी।

मैरिआ : नहीं, नहीं केईयस! तुम मज़ाक कर रहे हो। रात को मेरा दम घुटने लगता है, और मैं काफ़ी सालों से इसी तरह काम चला रहा हूँ।

कालिगुला : तो क्या तुम्हें यह डर है कि कोई तुम्हें ज़हर दे देगा?

मैरिआ : मेरी दमे की बीमारी!

कालिगुला : गलत! हरेक चीज़ को उसके अपने ठीक नाम से पुकारो! तुम्हें डर है कि मैं तुम्हें ज़हर पिला दूँगा। तुमने मुझ पर शक किया, जासूसी की?

मैरिआ : नहीं, तमाम भगवानों की कसम!

कालिगुला : तुमने मुझ पर सन्देह किया, अविश्वास किया!

मैरिआ : केईयस!

कालिगुला : (बेरुखी से) जवाब दो। *(उसके सामने हिसाब करने की तरह)* तुमने अगर एक विषनाशक दवा ली तो इसका मतलब यह हुआ कि उसके बदले तुमने मेरे भीतर ज़हर देने की एक इच्छा जगाई?

मैरिआ : हाँ...मेरा मतलब,...नहीं।

कालिगुला : और उस क्षण से, जब तुमने यह सोचा कि मैंने तुम्हें ज़हर देने का इरादा कर लिया है, तुमने वही किया जो तुम्हें ऐसी इच्छा को नाकामयाब करने के लिए करना चाहिए था।

[खामोशी। इस दृश्य के प्रारम्भ से ही सीज़ोनिया और कीरिआ मंच पर पीछे की और चले गए हैं। आगे के हिस्से में लैपिदस अकेला है वह इन लोगों की बातें सुनकर बड़े मानसिक कष्ट में दिख रहा है। यह बातचीत धीरे-धीरे बहुत धीमी होती जा रही है।]

कालिगुला : इसलिए अब तुम्हारे विरुद्ध दो अपराध हो गए, और एक ऐसा विकृत विकल्प जिसमें से तुम कतई निकल नहीं पाओगे—या तो मैंने तुम्हें कभी मारना ही नहीं चाहा, फिर भी तुमने मुझ पर, अपने सीज़र पर, अनुचित शक किया। या मैंने तुम्हें मारना चाहा, लेकिन तुमने मेरी इच्छा को नीचतापूर्ण तरीके से विफल करने की कोशिश की? *(कुछ देर की खामोशी। कालिगुला अपनी चाल पर सन्तुष्ट मैरिआ को देखते हुए)* बोलो मैरिआ, इस तर्क के बाबत क्या कहना चाहते हो?

मैरिआ : तुम्हारा तर्क लाजवाब है केईयस, लेकिन यहाँ लागू नहीं होता।

कालिगुला : अब तीसरा अपराध—तुमने यह समझने का दुस्साहस किया कि मैं निरा मूर्ख हूँ। ध्यान से सुनो! इन तीनों जुर्मों में से सिर्फ़ एक ही तुम्हारे लिए प्रतिष्ठापूर्ण है और वह है दूसरा अपराध, क्योंकि उसी पल, जबकि तुमने पहले मेरे नाम पर एक फैसला लिया और फिर उसे निष्फल करना चाहा, अनायास ही यह साबित हो गया कि तुम मेरे विरुद्ध बगावत करना चाहते हो। इसका मतलब कि तुम क्रान्ति-समर्थक हो, विद्रोहियों के नेता हो। ठीक है। *(उदासी से)* मैं तुम्हें बहुत चाहता हूँ मैरिआ, इसीलिए तुम्हें सिर्फ़ तुम्हारे दूसरे जुर्म की सज़ा मिलेगी। बाक़ी की नहीं। विद्रोह करने के जुर्म में तुम्हें मौत की सज़ा दी जाएगी—पूरे सम्मान के साथ।

[इस संवाद के बीच मैरिआ अपानी कुर्सी में सिकुड़ता-सा जाता है।]

कालिगुला : मुझे धन्यवाद मत दो। यह तो स्वाभाविक है। लो, *(उसे एक छोटी शीशी देता है फिर प्रेम से)* ये ज़हर पी लो!

[मैरिआ, जो सिसकियों से हिचक रहा है, सिर हिलाकर मना करता है।]

कालिगुला : *(असहिष्णुता से)* चलो! चलो!

[मैरिआ अब भाग निकलने की कोशिश करता है। लेकिन कालिगुला पाशविक छलाँग मारकर उसे मंच के बीचोबीच कसकर पकड़ लेता है और फिर .एक नीची कुर्सी में पटक देता है। कुछ देर की कशमकश के बाद वह शीशी को मैरिआ के दाँतों में फँसाकर से तोड़ता है कुछ क्षण हाथ-पाँव मारकर मैरिआ दम तोड़ देता है। उसके चेहरे पर खून व आँसुओं की धाराएँ बहती दिखती हैं।]

[कालिगुला उठता है। विरक्त लापरवाही से हाथ पोंछता है।]

कालिगुला : *(सीज़ोनिया को मेरिआ की शीशी का एक टुकड़ा देते हुए।)* यह क्या है? कोई विषनाशक औषधि?

सीज़ोनिया : *(शान्त आवाज़ में)* नहीं कालिगुला, ये तो दमे की बीमारी की एक दवा है।

कालिगुला : *(मैरिआ को देखता हुआ कुछ समय खामोश रहता है, फिर)* चलो कोई बात नहीं। अन्त तो यही है, कुछ पहले या कुछ बाद में...!

[अचानक तेज़ी से बाहर आता है जैसे किसी .खास काम से, और लगातार हाथ पोंछते हुए।]

दृश्य : 11

लैपिदस : *(भयभीत स्वर में)* क्या करना चाहिए ?

सीज़ोनिया : *(सरलता से)* सबसे पहले तो यह लाश हटाते हैं। यहाँ बड़ा घिनौना लग रहा है।

[कीरिआ और लैपिदस शव को किनारे कर देते हैं, फिर मंच के पीछे खींच ले जाते हैं।]

लैपिदस : *(कीरिआ से)* हमें जल्दी करनी चाहिए।

कीरिआ : दो सौ आदमी होने ज़रूरी हैं।

[सीप्यों आता है सीज़ोनिया को देखकर लौटने लगता है।]

दृश्य : 12

सीज़ोनिया : यहाँ आओ!

सीप्यों : क्या बात है?

सीज़ोनिया : पास आओ *(सीप्यों को ठोड़ी से पकड़कर उसकी आँखों में देखती है। कुछ देर के लिए खामोशी। फिर बड़ी भावनाहीन आवाज़ में)* उसने तुम्हारे पिता को मरवा दिया?

सीप्यों : हाँ!

सीज़ोनिया : तुम उससे नफ़रत करते हो?

सीप्यों : हाँ!

सीज़ोनिया : तुम उसकी जान लेना चाहते हो?

सीप्यों : हाँ!

सीज़ोनिया : *(उसे छोड़ते हुए)* तो फिर मुझे क्यों बता रहे हो यह सब!

सीप्यों : क्योंकि अब मुझे किसी से डर नहीं लगता। या तो उनकी जान लूँगा या अपनी दे दूँगा। यही दो तरीके हैं बात ख़त्म करने के। और तुम मेरे साथ तो विश्वासघात नहीं करोगी।

सीज़ोनिया : वह ठीक है। मैं तुम्हें धोखा नहीं दूँगी, लेकिन कुछ बताना चाहती हूँ या तुम्हारे भीतर जो कुछ अभी श्रेष्ठ बचा है, उससे बात करना चाहती हूँ।

सीप्यों : मेरे भीतर सबसे श्रेष्ठ भावना मेरी नफ़रत है।

सीज़ोनिया : सिर्फ़ मेरी बात ध्यान से सुनो। जो कुछ मैं तुमसे कहना चाहती हूँ वह एक ही साथ मुश्किल भी है और साफ़ भी। लेकिन यह एक ऐसी सलाह है कि अगर ठीक से सुनी जाए तो वह अन्तिम रद्दोबदल, जिसकी इस समय दुनिया में ज़रूरत है, सम्भव हो जाएगी।

सीप्यों : ठीक है, बताओ।

सीज़ोनिया : अभी नहीं। पहले अपने पिता के चेहरे पर, उनकी ज़बान खींचते वक़्त जो व्यथा थी, उसे

याद करो। कैसे उनका मुँह लहू से भरा हुआ था और कैसे वे असह्य यातना में छटपटा रहे थे।

सीप्यों : हाँ!

सीज़ोनिया : अब कल्पना करो कालिगुला की।

सीप्यों : *(चेहरे पर गहरी नफ़रत उभर आती है)* हाँ।

सीज़ोनिया : अब सुनो सीप्यों, समझने की कोशिश करो।

[सीज़ोनिया बाहर चली जाती है? सीप्यों छत दु:खी, बेसहारा-सा खड़ा है। हैलिकों अन्दर आता है।]

दृश्य : 13

हैलिकों : कालिगुला वापस आ रहा है। तुम खाना खाओगे कवि?

सीप्यों : हैलिकों, मेरी मदद करो।

हैलिकों : इसमें बहुत खतरा है मेरे दोस्त, और फिर काव्य तो मैं बिलकुल भी नहीं समझता।

सीप्यों : तुम मेरी मदद कर सकते हो। तुम बहुत कुछ जानते हो।

हैलिकों : मैं जानता हूँ कि दिन गुज़रते हैं, और यह कि खाना जल्दी खाना चाहिए। मैं यह भी जानता हूँ

कालिगुला

कि तुम कालिगुला को मार सकते हो, और यह भी कि वह इसका ज़्यादा बुरा नहीं मानेगा।

[कालिगुला आता है। हैलिकों चला जाता है।]

दृश्य : 14

कालिगुला : आह! तुम हो। *(कुछ रुकता है, जैसे सामना करने में झिझक रहा हो)* काफ़ी समय से तुम्हें देखा नहीं। *(धीरे-धीरे सीप्यों के नज़दीक आकर)* क्या करते रहते हो? कुछ लिख रहे हो आजकल? अपनी हाल ही में ख़त्म की हुई रचनाएँ दिखा सकते हो मुझे?

सीप्यों : *(बहुत परेशानी, नफ़रत और उलझन में)* मैंने कुछ कविताएँ लिखी हैं सीज़र!

कालिगुला : किस पर?

सीप्यों : कह नहीं सकता सीज़र, मेरे खयाल से प्रकृति पर हैं।

कालिगुला : सुन्दर विषय है, और व्यापक भी। ये प्रकृति ने तुम्हें ऐसा क्या दे दिया?

सीप्यों : *(अपने-अपको सँभालते हुए, व्यंग्य व विद्रोह-भरे स्वर में)* सान्त्वना...मेरे सीज़र न होने पर।

कालिगुला : और, क्या वह मुझे भी सान्त्वना देगी, सीज़र होने पर?

सीप्यों : *(उसी स्वर में)* यकीन मानिए, उसने तो और भी गहरे घाव दिए हैं।

कालिगुला : *(अनोखी सरलता से)* घाव? यह तुम बड़े द्वेषपूर्ण ढंग से कह रहे हो? क्या इसलिए कि मैंने तुम्हारे पिता को मरवाया! काश? तुम समझते कि यह शब्द कितना उपयुक्त है। घाव! *(स्वर बदलते हुए)* तुम्हें बुद्धिमान बनाने के बदले सिर्फ़ नफ़रत ही मिली।

सीप्यों : *(कठोरता से)* मैंने तो प्रकृति के बारे में तुम्हारे सवाल का जवाब दिया था।

[कालिगुला बैठ जाता है। सीप्यों को घूरता है। अचानक जबर्दस्ती दोनों हाथों से खींचकर उसे अपने पैरों में बैठा लेता है।]

कालिगुला : *(क्रूरता से उसका चेहरा हाथ से ऊपर करते हुए)* अपनी कविता मुझे पढ़कर सुनाओ।

सीप्यों : माफ़ कीजिए सीज़र, अभी नहीं।

कालिगुला : क्यों?

सीप्यों : अभी वह मेरे पास नहीं है।

कालिगुला : तुम्हें याद नहीं है क्या?

सीप्यों : नहीं।

कालिगुला : कम-से-कम यह तो बताओ कि उसमें लिखा क्या है?

सीप्यों : *(उसी कठोरता और विमुखता से)* मैंने उसमें लिखा है...

कालिगुला : हाँ, और ?...

सीप्यों : नहीं, मुझे याद नहीं...।

कालिगुला : कोशिश करो...।

सीप्यों : मैंने उसमें लिखा है एक समन्वय के बारे में, पृथ्वी का...

कालिगुला : *(उसकी बात काटते और विचार में डूबे हुए)* पृथ्वी और पैरों का ?...

सीप्यों : *(आश्चर्यचकित और हिचकिचाते हुए)* जी हाँ, करीब-करीब ऐसा ही है...

कालिगुला : बोलते रहो।

सीप्यों : रोम की पहाड़ियों की गहन शृंखलाएँ और शाम की क्षणभंगुर बेचैन शान्ति...।

कालिगुला : और अबाबीलों की चिल्लाहट का हरे आकाश में...

सीप्यों : (और भावनाशील होते हुए) जी, और भी।

कालिगुला : बोलो?

सीप्यों : उस अद्‌भुत पल का, जब समूचा आकाश अनगिनत, चमचमाते सितारों के सुनहलेपन में झूमता-सा दिखाई पढ़ता है।

कालिगुला : और इस गन्ध का जो धुएँ से, पेड़ों से, पानी से आती है, जो पृथ्वी से रात्रि की ओर ऊपर उठती है।

सीप्यों : *(भावोन्माद में खोया हुआ)* हाँ, और झींगुरों का टिटियाना, गरमाई से उठते हुए मेहराब, कुत्तों की आवाज़, लौटती गाड़ियों की चरमर किसानों का चिल्लाना।

कालिगुला : और जैतून-कुंज के बीच से जाती हुई पगडंडियाँ, जो अन्धकार की स्याही में डूबी हों...

सीप्यों : हाँ, हाँ, ये सबकुछ! लेकिन तुम्हें कैसे पता लगा?

कालिगुला : *(सीप्यों को सीने से लगाते हुए)* मैं नहीं जानता। शायद इसलिए कि हम दोनों को सत्य के एक ही रूप पसन्द हैं।

[सीप्यों काँपता हुआ अपना सिर कालिगुला के सीने पर रख देता है।]

सीप्यों : कोई खास बात नहीं है, क्योंकि मैं सब चीज़ों को प्यार की नज़र से देखता हूँ।

कालिगुला : *(अभी तक दुलारते हुए)* यह तो विशाल हृदय की महानता है। सीप्यों! काश, मैं सिर्फ़ तुम्हारी निर्मलता को ही समझ सकता। लेकिन जीवन की लालसा मुझमें इतनी प्रबल है कि प्रकृति से यह कभी तृप्त नहीं हो पाएगी। लेकिन इसे तुम नहीं समझ पाओगे। तुम्हारी दुनिया दूसरी है।

तुम भलाई का सत्व हो, ठीक उसी तरह जैसे मैं बुराई का सत्व हूँ।

सीप्यों : मैं समझ सकता हूँ।

कालिगुला : नहीं, मुझमें कुछ है अतल नीरवता की तरह, दुर्गन्धित पौधों की तरह। *(अचानक स्वर बदलते हुए)* तुम्हारी कविता सुन्दर होनी चाहिए। लेकिन अगर मेरी राय चाहो तो...

सीप्यों : *(उसी स्वर में)* हाँ, जरूर।

कालिगुला : इसमें जान बिलकुल नहीं है।

[सीप्यों चौंककर तेज़ी से पीछे हटता है और कालिगुला को अत्यधिक घृणा से देखता है। पीछे हटता हुआ, भर्राई हुई आवाज़ में कालिगुला की ओर ज़ोर से चिल्लाता है, जो उसे बड़ी निष्ठुरता से देख रहा है।]

सीप्यों : ओ राक्षस, घृणास्पद राक्षस, तूने फिर मुझे बेवकूफ बनाया और अब तू अपनी कामयाबी पर खुश हो रहा है?

कालिगुला : *(हलके-से दुःख के साथ)* जो कुछ तुमने कहा, उसमें कुछ सच्चाई जरूर है। मैं नाटक कर रहा था।

सीप्यों : *(उसी क्रुद्ध स्वर में)* कितना नीच, और ख़ून का प्यासा दिल होगा तुम्हारा। इतनी दुष्टता और घृणा कितनी तकलीफ दे रही होगी तुम्हें।

कालिगुला : *(धीरे से)* अब चुप हो जाओ तुम।

सीप्यों : कितना मुझे तुम पर तरस आता है और कितनी मैं नफ़रत करता हूँ।

कालिगुला : *(क्रोध से)* चुप हो जाओ!

सीप्यों : कितना गन्दा अकेलापन होगा तुम्हारा!

कालिगुला : *(क्रोधावेश में उस पर झपटता है, कॉलर पकड़कर झकझोर देता है)* अकेलापन! तुम समझते हो? तुम? अकेलेपन को? वह, जिसे कवि और निर्बल लोग अनुभव करते हैं। अकेलापन, लेकिन कौन सा? तुम तो यह भी नहीं जानते कि एकदम अकेले हम कभी होते ही नहीं। सब जगह, भूत और भविष्य का भार सदा हमारे साथ होता है। वे जीव, जिनकी जान हमने ली है, हमें छोड़ते नहीं हैं। इस बोझे को सहना फिर भी आसान होता है बनिस्बत उनके, जिन्हें हमने प्यार किया है। और वे जिन्होंने हमें प्यार किया है। पश्चात्ताप, इच्छाएँ, ज़िन्दगी में बीती हुई कटुता, माधुर्य, वेश्या और देवतागण—ये सब हमेशा, हमेशा हमारे साथ रहते हैं। *(सीप्यों को छोड़ देता है और वापस अपनी जगह चला जाता है)* अकेले! आह! अगर सिर्फ़ इस अकेलेपन की जगह, जो मेरी मौजूदगी से विषैला हो गया है, मैं वह सत्य पा सकता, शान्ति पा सकता और आनन्द पा सकता

जो वृक्ष की थिरकन में होता है। *(अचानक ही बहुत थका-सा बैठ जाता है)* एकान्तवास! नहीं सीप्यों! मुझे यहाँ लगातार दाँत पीसने की आवाज़ आती रहती है, भयानक शोरगुल गूँजता रहता है। जब उन स्त्रियों के पास होता हूँ जिन्हें मैं प्यार करता हूँ रात की निस्तब्धता में लीन, अपनी वासना को सन्तुष्ट जानकर, शारीरिक सुख से ध्यान हटाकर, आत्मज्ञान की इच्छा से अपने आपको ज़िन्दगी और मौत के बीच रखकर परखना चाहता हूँ तो भी मेरा एकान्त मेरे पार्श्व में सोई स्त्री से सम्भोग की उठती हुई महक से भर जाता है। *(कालिगुला हारा-सा दिखता है लम्बी खामोशी।)*

[युवा सीप्यों कालिगुला के पीछे जाता है हिचकिचाता हुआ उसके करीब आता है आहिस्ते-से एक हाथ उसके कन्धे पर रखता है। कालिगुला बिना पीछे मुड़े उसके हाथ पर अपना हाथ रख देता है।]

सीप्यों : सभी पुरुषों के जीवन में कुछ माधुर्य होता है। उसी के सहारे वे चलते रहते हैं, और जब वे अपने आपको एकदम क्षीण महसूस करते हैं, तब उन्हें इसी माधुर्य से नई शक्ति मिलती है।

कालिगुला : ये सच है सीप्यों!

सीप्यों : क्या तुम्हारी ज़िन्दगी में कुछ नहीं है, जहाँ इसी तरह तुम अपने आँसू पोंछ सको, शान्ति के साथ पनाह ले सको?

कालिगुला : है, तो।

सीप्यों : और वह क्या है?

कालिगुला : *(धीरे-धीरे, सोचते हुए)* तिरस्कार।

[पर्दा।]

अंक : तीन

दृश्य : 1

[पर्दा उठने से पहले मंजीरों व नगाड़ों के बजने का स्वर सुनाई पड़ता। पर्दा एक विचित्र दृश्य पर उठता है। मंच के बीच पर्दों ही की मदद से एक कोष्ठ-सा बनाया गया। उसके सामने मंचाग्र पर हैलिकों और सीज़ोनिया बैठे हैं। उनके दोनों ओर मंजीरे बजानेवाले हैं। दर्शकों की ओर पीठ किए कुछ सामन्त और युवा सीप्यों कुर्सियों पर बैठे हैं।]

हैलिकों : *(किसी मेले के मैनेजर की तरह)* आइए-आइए, देखिए। *(मंजीरों की आवाज़)* एक बार फिर भगवान् पृथ्वी पर उतरे हैं—कालिगुला के मानव स्वरूप में। कालिगुला स्वयं सीज़र, केईयस और साक्षात् भगवान् हैं। नज़दीक आइए। आप स्थूलकाय, साधारण लोग हैं। आइए, पास आइए।

आपके सामने एक अद्‌भुत चमत्कार घटने जा रहा है। कालिगुला के राज्य पर भगवान् की विशेष कृपा होने के कारण, आप सबको एक दैवी रहस्य देखने का सुअवसर मिल रहा है।

[मंजीरों की ध्वनि।]

सीज़ोनिया : आइए श्रीमान! पूजा कीजिए और दान-दक्षिणा दीजिए। इस दिव्य रहस्य को आज आप सब देख सकेंगे।

[मंजीरों की ध्वनि।]

हैलिकों : ओलिम्पस पर्वत और उससे सम्बन्धित गुप्त कहानियाँ। आज आपको अपने देवता के बारे में सच्चाई जानने का मौका मिल रहा है।

[मंजीरे]

सीज़ोनिया : पूजिए और अपनी दान-दक्षिणा दीजिए। सज्जनो, अब तमाशा शुरू होने जा रहा है।

[मंजीरे। दास बार-बार मंच के अग्रिम भाग पर कुछ-न-कुछ लाकर रख रहे हैं।]

हैलिकों : सत्य के रूप को दर्शाने के लिए एक अभूतपूर्व करतब आपके सामने प्रस्तुत होने जा रहा है। पृथ्वी पर आई हुई दिव्यशक्ति के वैभव का, उसकी भव्यता का, विशेष रूप से तैयार

किए हुए मंच-प्रभावों के नियोजन से शानदार प्रदर्शन। बिजली का चमकना! *(तभी गुलाम यूनानी आग*[1] *जला देते हैं)* मेघ-गर्जना। (गुलाम कंकड़ों से भरा ड्रम लुढ़का देते हैं) आइए, और देखिए।

[हैलिकों बीच में बने कोष्ठ का पर्दा खींच देता है। उसमें, वीनस के रूप में बड़े बेढंगे तरीके से सज़ा हुआ कालिगुला, एक चौकी से उतरकर उनकी ओर आता है।]

कालिगुला : आज मैं वीनस हूँ!

सीज़ोनिया : आराधना शुरू हो रही है। सब साष्टांग प्रणाम करें *(सीप्यों को छोड़कर बाक़ी सब प्रणाम करते हैं)* और मेरे साथ कालिगुला—वीनस की यह पवित्र प्रार्थना दुहराएँ : "नृत्य और विपदाओं की देवी..."

सब सामन्त : "नृत्य और विपदाओं की देवी..."

सीज़ोनिया : "लहरों में जन्मी तीक्ष्ण, क्षार और समुद्र-फेन में पंकिल..."

सब सामन्त : "लहरों में जन्मी तीक्ष्ण, क्षार और समुद्र-फेन में पंकिल..."

सीज़ोनिया : "तुम, जो सुख भी हो, और दुःख भी..."

सब सामन्त : "तुम, जो सुख भी हो, और दुःख भी..."

1. यूनान में पाया जानेवाला एक ऐसा पदार्थ जो गीला करने पर जल उठता है। इसका उपयोग प्राय: युद्ध में होता था।

सीज़ोनिया : "...वैर भी हो, उल्लास भी..."

सब सामन्त : "...वैर भी हो, उल्लास भी..."

सीज़ोनिया : "वह अनासक्ति हमें सिखा दे माँ कि नया अनुराग पुनर्जाग्रत हो..."

सब सामन्त : "वह अनासक्ति हमें सिखा दे माँ कि नया अनुराग पुनर्जाग्रत हो..."

सीज़ोनिया : "हमें समझा दे माँ, वह संसार का अलभ्य सच क्या है..."

सब सामन्त : "हमें समझा दे माँ, वह संसार का अलभ्य सच क्या है..."

सीज़ोनिया : "हमें शक्ति दे माँ कि हम इस अतुलनीय सत्य के उतुंग स्तर पर जी सकें..."

सब सामन्त : "हमें शक्ति दे माँ कि हम इस अतुलनीय सत्य के उतुंग स्तर पर जी सकें..."

सीज़ोनिया : कुछ रुकऽ के!

सब सामन्त : कुछ रुकऽ के!

सीज़ोनिया : *(दुबारा)* "अपने सब गुण हममें भर दे, मुख पर अपनी अतृप्त क्रूरता की कान्ति दे, अनात्म्य घृणा दे।

अपने फूलों और हत्या से भरे हाथ हमारी आँखों के सामने खोल दे..."

सब सामन्त : *(दुबारा)* "अपने सब गुण हममें भर दे, मुख पर अपनी अतृप्त कूरता की कान्ति दे, अनात्म्य घृणा दे।

अपने फूलों और हत्या से भरे हाथ हमारी आँखों के सामने खोल दे..."

सीज़ोनिया : "अपने गुमराह बालकों को स्वीकार कर माँ। उन्हें अपने प्रेमहीन व दुःखदायी आश्रम में शरण दे।

हमें अपने लक्ष्यहीन क्रोध का आवेश दे। अनिमित्त यातना दे, अनर्थक आनन्द दे..."

सब सामन्त : "अपने गुमराह बालकों को स्वीकार कर माँ। उन्हें अपने प्रेमहीन व दुःखदायी आश्रम में शरण दे।

हमें अपने लक्ष्यहीन क्रोध का आवेश दे। अनिमित्त यातना दे, अनर्थक आनन्द दे..."

सीज़ोनिया : *(बहुत ऊँचे स्वर में)* "तू हृदयहीन पर, आवेशी; निर्दयी, पर अति सांसारिक, हमें अपनी समानार्थकता की मदिरा में मदहोश कर दे और सदा-सदा के लिए अपने दुष्ट और मनहूस हृदय में बसा ले।"

सब सामन्त : *(बहुत ऊँचे स्वर में)* "तू हृदयहीन, पर आवेशी; निर्दयी, पर अति सांसारिक, हमें अपनी समानार्थकता की मदिरा में मदहोश कर दे और सदा-सदा के लिए अपने दुष्ट और मनहूस हृदय में बसा ले।"

[जैसे ही सामन्त आखिरी वाक्य पूरा करते हैं, कालिगुला, जो अब तक एकदम चुप

था, फुंकार कर उठता है, और बहुत ऊँची आवाज़ में बोलता है—]

कालिगुला : तथास्तु! तुम्हारी विनती हमने सुन ली!

[वह आलथी-पालथी मारकर चौकी पर बैठ जाता है। एक-एक करके सामन्त आते हैं। साष्टांग प्रणाम करके चढ़ावा चढ़ाकर सीधे हाथ को, लाइन में लग जाते हैं। अन्त में आया हुआ सामन्त घबराहट में चढ़ावा चढ़ाना भूलकर पीछे हटता है लेकिन कालिगुला एक छलाँग में उछलकर खड़ा हो जाता है।]

कालिगुला : ठहरो, ठहरो, इधर आओ बालक! पूजा करना उत्तम है, लेकिन चढ़ावा चढ़ाना अति उत्तम! तुम्हारी सेवा से हम प्रसन्न हैं। अगर देवताओं के पास, तुम लोगों के प्रेम से दिए चढ़ावे के अलावा और धन-दौलत नहीं होती तो वे भी आज कंगाल कालिगुला की तरह ही कंगाल होते। और अब महानुभाव, आप जा सकते हैं। और सारे शहर में इस अद्भुत चमत्कार के बारे में लोगों में ख़बर फैला सकते हैं। आपने खुद अपनी स्थूल आँखों से वीनस को देखा, उसने आपसे बातें कीं।

[सामन्त जाने को तैयार होते हैं।]

एक मिनट! आप लोग बाहर जाने के लिए बाई ओर का रास्ता लें। दाईं ओर के रास्ते पर मैंने आपकी हत्या के लिए सैनिक तैनात कर रखे हैं।

[सामन्त बड़ी तेज़ी से बाहर जाते हैं। भगदड़ के कारण थोड़ी-सी बेइन्तजामी दिखती है। दास और साज-सारंगीवाले भी चले जाते हैं।]

दृश्य : 2

हैलिकों : *(सीप्यों की ओर उँगली उठाकर)* सीप्यों, तुम अपनी अराजकता से बाज नहीं आओगे?

सीप्यों : *(कालिगुला से)* तुमने फिर धर्म-निन्दा की केईयस?

हैलिकों : इसका भला क्या मतलब?

सीप्यों : पृथ्वी को ख़ून से रँगकर, अब तुम आकाश को भी कलुषित करना चाहते हो?

हैलिकों : इस लड़के को बहुत बड़ी-बड़ी बातें करने का शौक है।

[दीवान पर जाकर लेट जाता है।]

सीज़ोनिया : *(इत्मीनान से)* कैसे आपे से बाहर हो जाते हो बेटे? तुम्हें मालूम है, इस वक़्त रोम में बिना कुछ कहे भी मौत की सज़ा मिल रही है।

सीप्यों : मैंने केईयस को सबकुछ साफ़-साफ़ बता देने का निश्चय किया है।

सीज़ोनिया : ये लो कालिगुला! तुम्हारे राज्य में बस एक सच्चे उपदेशक की ही तो कमी थी।

कालिगुला : *(सीप्यों की बातों में रुचि दिखाते हुए)* तो तुम भगवान् में विश्वास करते हो?

सीप्यों : बिलकुल नहीं।

कालिगुला : अरे, फिर क्यों इस तरह हाथ धोकर धर्म-निन्दा के पीछे पड़े हो?

सीप्यों : मैं किसी चीज़ में विश्वास न करूँ, इसका यह तो मतलब नहीं कि मैं उसकी आलोचना करूँ या दूसरों को उसमें विश्वास करने से रोकूँ?

कालिगुला : बड़े विनम्र हो तुम। शुद्ध विनम्रता की साक्षात् प्रतिमा। बड़े भाग्यवान हो तुम। मुझे तुमसे ईर्ष्या हो रही है, क्योंकि यही एक भाव है जिसे शायद मैं कभी अनुभव नहीं कर पाऊँगा।

सीप्यों : तुम्हें ईर्ष्या मुझसे नहीं, खुद भगवानों से हो रही है।

कालिगुला : अगर तुम मेरी बात मानो तो यह मेरे शासन-काल का एक खास भेद ही रहेगा। आज अगर मुझ

पर किसी बात का इल्जाम लगाया जा सकता है तो वह है मेरी स्वयं, अधिकार और स्वतंत्रता के मार्ग पर, की हुई थोड़ी-सी प्रगति। एक ऐसे आदमी को जिसे अपनी ताकत का गुमान हो, भगवान् के मुकाबले पर बड़ी खीझ आती है। भविष्य के लिए मैंने इसकी गुंजाइश ही नहीं छोड़ी। मैंने इन भ्रान्तिपूर्ण भगवानों के सामने यह सिद्ध कर दिया है कि इनसान, अगर सिर्फ़ इच्छा हो, तो उनका बेतुका काम बिना सीखे बखूबी चला सकता है।

सीप्यों : इसे मैं धर्म की निन्दा समझता हूँ केईयस!

कालिगुला : नहीं-नहीं सीप्यों! यह तो चतुरता है। मैं यह अच्छी तरह समझ गया हूँ कि भगवान् से मुकाबला करने का सिर्फ़ एक ही तरीका है। बस इतना काफ़ी है कि हम उतने ही क्रूर हो जाएँ, जितना कि स्वयं भगवान्!

सीप्यों : यानी कि एक अत्याचारी शासक बन जाओ!

कालिगुला : यह अत्याचारी शासक कौन होता है?

सीप्यों : एक अन्धी आत्मा!

कालिगुला : यह निश्चित नहीं है सीप्यों! एक अत्याचारी शासक वह होता है जो अपने विचारों या अपनी निजी कामनाओं की पूर्ति के लिए अपनी प्रजा को कुर्बान करे। मेरे ऐसे कोई ख्वाब नहीं हैं, न ही अब कुछ ऐसा बचा है जिसे जीतकर मुझे

और ख्याति या ताक़त मिले, और मुझे इस वज़ह से उसे पाने की कोई लालसा हो। अब अगर मैं अपनी ताक़त का उपयोग करता हूँ तो सिर्फ़ बदला लेने के लिए।

सीप्यों : किस बात का बदला?

कालिगुला : भगवान् की बेवकूफी और नफ़रत का!

सीप्यों : नफ़रत से नफ़रत का मुआवजा नहीं दिया जा सकता। असीमित शक्ति कोई समस्या नहीं सुलझा सकती। और मुझे दुनिया से दुश्मनी ख़त्म करने का सिर्फ़ एक ही तरीका मालूम है।

कालिगुला : और वह क्या है?

सीप्यों : गरीबी!

कालिगुला : *(झुककर अपने पैरों को ध्यान से देखते हुए)* अब यह ज़रूरी हो गया कि मैं इसे भी आजमाऊँ।

सीप्यों : इसी बीच तुम्हारे चारों ओर काफ़ी और आदमी मर जाएंगे।

कालिगुला : वास्तव में बहुत कम, सीप्यों! जानते हो कितनी लड़ाइयाँ लड़ने से मैंने इनकार किया है?

सीप्यों : नहीं।

कालिगुला : तीन! और जानते हो क्यों मना किया?

सीप्यों : इसलिए कि रोम की महानता तुम्हारे लिए कोई मायने नहीं रखती।

कालिगुला : नहीं। इसलिए कि मैं इनसान की ज़िन्दगी की क़द्र करता हूँ।

सीप्यों : क्यों मुझसे मज़ाक कर रहे हो केईयस!

कालिगुला : इतना तो है कि उसे किसी भी विजय-कीर्ति से ऊँचा समझता हूँ। यह जरूर है कि मैं दूसरों की ज़िन्दगी को खुद अपनी ज़िन्दगी से ज़्यादा कीमती नहीं मानता। अगर औरों की जान लेना मेरे लिए आसान है तो वह इसलिए कि खुद मरना भी कोई मुश्किल नहीं। नहीं, नहीं, जितना ज़्यादा मैं इस बारे में सोच रहा हूँ यही देख रहा हूँ कि मैं कतई अत्याचारी नहीं हूँ।

सीप्यों : क्या फ़र्क पड़ता है ? हमें तो यह अब भी उतना ही भारी पड़ रहा है, जितना कि तुम्हारे अत्याचारी होने पर पड़ता।

कालिगुला : *(कुछ झल्लाकर)* अगर तुम्हें आँकड़े जोड़ना आता तो तुम अन्दाज़ा लगा पाते कि किसी भी तानाशाह की, चाहे वह कितना ही सन्तुलित होता, छोटी-से-छोटी लड़ाई भी मेरी कितनी ही बेतुकी सनक से करोड़ों गुना महँगी पड़ती।

सीप्यों : तो क्या हुआ? कम-से-कम उसका कोई कारण तो होता जिसे समझा जा सकता! समझना बहुत ज़रूरी है।

कालिगुला : मुकद्दर हमारी समझ में नहीं आता, इसीलिए मैं खुद उनका मुकद्दर बन गया। मैंने खुदा का मूर्खतापूर्ण और दुर्बोध्य नकाब अपने चेहरे पर

चढ़ा लिया। तुम्हारे साथी अभी उसी की पूजा कर रहे थे।

सीप्यों : यही तो अधर्म है केईयस!

कालिगुला : नहीं सीप्यों, यह तो अभिनय की कला है। यही एक कमी है इन सब लोगों में कि ये नाटक में पर्याप्त विश्वास नहीं करते। अन्यथा ये जान सकते कि कोई भी जना दैवी नाटक खेल सकता है और खुद भगवान् बन सकता है। सिर्फ़ दिल कठोर करना पड़ता है।

सीप्यों : शायद! हो सकता हो केईयस! लेकिन अगर यह सच है, तो मेरे खयाल में तुम, जो कुछ ज़रूरी था, वह कर चुके हो, जिससे कि एक दिन तुम्हारे चारों ओर ये इनसानी भगवान्— अपनी जगह प्रत्येक बहुत बेरहम-भड़क उठें और कुछ ही पल पुरानी तुम्हारी दिव्यता को लहू में डुबो दें।

सीज़ोनिया : सीप्यों!

कालिगुला : *(दृढ़ और कठोर स्वर में)* छोड़ो सीज़ोनिया! तुम्हें नहीं मालूम, तुमने कितनी सच बात कही है सीप्यों! मैंने जो ज़रूरी था, सब कर लिया है। लेकिन जिस दिन के बारे में तुम बात कर रहे हो, मेरे लिए कल्पना करना कठिन है। वैसे, कभी-कभी मैं उसे सपने में जरूर देखता हूँ। और अपने उद्‌देश्य की घृणा और वेदना में एकदम

विकृत, उन सभी चेहरों में जो इस क्रूर रात की गहनता में मेरी ओर बढ़ते हैं, मैं बड़े आनन्द से सिर्फ़ उस एक भगवान् को पहचानता हूँ जिसकी पूजा मैंने इस दुनिया में की है : मनुष्य के हृदय की तरह पीड़ित और डरपोक। *(खीझकर)* और अब तुम जाओ। तुम बहुत ज़्यादा बोल चुके हो। *(आवाज़ में लापरवाही लाकर)* मुझे अभी अपने पैरों के नाख़ूनों पर पॉलिश करनी है, उसकी जल्दी है।

[हैलिकों के अलावा सब बाहर चले जाते हैं। हैलिकों कालिगुला को ध्यान से देखता हुआ उसके चारों ओर एक चक्कर लगाता है, लेकिन कालिगुला अपने नाख़ूनों के चक्कर में एकदम खोया हुआ है।]

दृश्य : 3

कालिगुला : हैलिकों!

हैलिकों : कहिए?

कालिगुला : तुम्हारा काम अच्छा चल रहा है?

हैलिकों : कौन-सा काम?

कालिगुला : अरे भूल गए? चाँद के बारे में।

हैलिकों : हाँ, हाँ, अच्छा चल रहा है। कुछ इन्तज़ार करना पड़ेगा। लेकिन मैं तुमसे कुछ बात करना चाहता हूँ।

कालिगुला : इन्तज़ार तो मैं कर सकता हूँ लेकिन मेरे पास समय बहुत कम है। जल्दी करनी पड़ेगी हैलिकों!

हैलिकों : मैंने तुमसे कहा था, मैं अपनी पूरी कोशिश करूँगा। लेकिन पहले मेरे पास कुछ गम्भीर ख़बर है जिसे मैं तुम्हें बताना चाहता हूँ।

कालिगुला : *(अनसुना करके)* ज़रा सोचो, मैं उसे पा चुका हूँ...

हैलिकों : किसे?

कालिगुला : चाँद को!

हैलिकों : अच्छा ठीक है। तुम्हें मालूम है कि तुम्हें मारने के लिए षड्यंत्र रचा जा रहा है ?

कालिगुला : मैंने उसे पूरी तरह पा लिया। यह सच है, सिर्फ़ दो या तीन बार ही, लेकिन कम-से-कम पा तो लिया।

हैलिकों : देख रहे हो, मैं कितनी देर से तुमसे बात करने की कोशिश कर रहा हूँ?

कालिगुला : पिछली गर्मियों की बात है। मैं उसे बहुत देर तक अपलक देखता रहा। बगीचे में संगमरमर के स्तम्भों पर चूमता रहा, आखिरकार वह समझ ही गई।

हैलिकों : दिल्लगी बन्द करो, केईयस! तुम मेरी बात सुनना नहीं चाहते। फिर भी मेरा फ़र्ज़ है, तुम्हें बतलाना। तुम न समझो तो तुम्हारी मर्ज़ी।

कालिगुला : *(बड़े ध्यान से नाख़ूनों पर पॉलिश करते हुए)* यह नेल पॉलिश बिलकुल बेकार है। हाँ, तो मैं तुम्हें चाँद के बारे में बता रहा था। अगस्त की एक खूबसूरत रात की बात है *(हैलिकों चिढ़कर दूसरी ओर मुँह फेर लेता है और एकदम चुप हो जाता है, हिलता भी नहीं),* पहले वह बहुत तकल्लुफ कर रही थी। मैं लेट गया था। मैंने देखा, शुरू-शुरू में वह काफ़ी लाल थी, क्षितिज से ज़रा ऊपर। फिर उसने धीरे-धीरे और ऊपर उठना शुरू किया-बहुत ही हलकेपन, बहुत ही तेज़ी से। जितनी ऊपर उठती गई, उतनी ही निर्मल होती गई, यहाँ तक कि ऐसा लगने लगा, जैसे रात की स्याही में, सितारों के बीच एक दूधिया झील तैर रही हो। आहिस्ते-आहिस्ते वह और पास आती गई—सौम्य, मृदु, और अनावृत। अपनी दृढ़ संकल्पशील, और मन्द गति में, मेरे कक्ष की देहरी पार करके, मेरे बिस्तर तक पहुँची और वहाँ सब ओर फैल गई। अपनी मुस्कराहट और दीप्ति में मुझे पूरी तरह भिगो दिया।...

निश्चय ही ये पॉलिश एकदम घटिया है। देखो हैलिकों, मैं सचमुच उसे पा चुका हूँ।

हैलिकों : तुम मेरी बात सुनना और यह समझना चाहते हो या नहीं कि तुम्हारी ज़िन्दगी खतरे में है?

कालिगुला : *(रुककर उसे ध्यान से देखते हुए)* चाहता तो मैं सिर्फ़ चाँद हूँ हैलिकों! मुझे पहले से ही मालूम है कि कौन मेरी जान लेगा। मैं अभी तक वह सब भोग भी नहीं पाया जो मुझे जीवन का अहसास कराता है। यही वज़ह है कि मैं चाँद माँग रहा हूँ। और तुम अब यहाँ, मेरे लिए चाँद लाए बिना दुबारा मुँह मत दिखाना।

हैलिकों : फिर भी मैं अपना फ़र्ज़ पूरा करूँगा, जो कुछ इतनी देर से कहना चाह रहा हूँ, कहूँगा। तुम्हारे विरुद्ध षड्यंत्र रचा जा रहा है, जिसका प्रधान कीरिआ है। मुझे अचानक यह तख्ती मिली है। देखो, यह तुम्हें सबकुछ समझा देगी। मैं इसे यहाँ छोड़े जा रहा हूँ।

[हैलिकों तख्ती को एक सोफे पर छोड़ देता है, और जाने लगता है।]

कालिगुला : तुम कहाँ जा रहे हो हैलिकों?

हैलिकों : *(देहरी पर रुककर)* तुम्हारे लिए चाँद ढूँढ़ने!

दृश्य : 4

[सामने के दरवाज़े पर कुछ खुरचने-जैसी आवाज़। कालिगुला तेज़ी से पीछे मुड़ता है, देखता है कि वृद्ध सामन्त वहाँ खड़ा है।]

वृद्ध सामन्त : *(हिचकिचाते हुए)* आपकी आज्ञा है, केईयस?

कालिगुला : *(तुनककर बड़ी बेसब्री से)* चलो, आओ। *(उसे देखते हुए)*तो तुम वीनस को दुबारा देखने आ गए?

वृद्ध सामन्त : न...नहीं, ये बात नहीं है...अह...माफ़ कीजिए... मैं कहना चाहता हूँ कि...आप जानते हैं कि मैं आपको बहुत प्यार करता हूँ...और मैं और कुछ भी नहीं माँगता, सिवाय इसके कि मेरे प्राण शान्ति से निकलें।

कालिगुला : जल्दी करो।

वृद्ध सामन्त : जी...बात यह है...*(बहुत शीघ्रता से)* यह बड़े दुर्भाग्य की बात है। बस यही कहना चाहता था।

कालिगुला : नहीं, कोई दुर्भाग्य नहीं है।

वृद्ध सामन्त : लेकिन क्या, केईयस?

कालिगुला : लेकिन हम किस बारे में बात कर रहे हैं, मेरी जान!

वृद्ध सामन्त : *(अपने चारों ओर बड़ी होशियारी से देखकर)* बात यह है...*(हक़लाने-सा लगता है, फिर एकदम चिल्लाकर)* आपके विरुद्ध एक षड्यंत्र...!

कालिगुला : तुम ठीक कह रहे हो। यही तो मैंने तुमसे अभी कहा, यह कोई खास बात नहीं है।

वृद्ध सामन्त : केईयस, वे तुम्हें मारना चाहते हैं।

कालिगुला : *(उसकी ओर जाकर उसे कन्धे से पकड़ लेता है)* जानते हो मैं तुम्हारा विश्वास क्यों नहीं कर पा रहा?

वृद्ध सामन्त : *(शपथ लेते हुए)* सारे देवताओं की कसम केईयस...!

कालिगुला : *(धीरता से आहिस्ते-आहिस्ते उसे दरवाज़े की ओर धकेलते हुए)* कसम मत खाओ किसी की। बेहतर है, मेरी बात सुनो। अगर तुम जो कह रहे हो, सच होता तो मुझे यह मानना पड़ता कि तुमने अपने साथियों के साथ विश्वासघात किया है, ठीक है ना?

वृद्ध सामन्त : *(कुछ घबराकर)* बात यह है केईयस कि तुम्हारे लिए मेरा प्यार...

कालिगुला : *(उसी आवाज़ में)* और मैं यह सोचना भी नहीं चाहता। मुझे इस नीचता से इतनी नफ़रत है कि मैं एक विश्वासघाती को मारने से अपने आपको कभी रोक नहीं पाऊँगा। तुम्हारी क्या औकात

है, मैं अच्छी तरह समझता हूँ और जानता भी हूँ कि तुम न तो विश्वासघात करना चाहोगे, न मरना।

वृद्ध सामन्त : हाँ, केईयस, यह सच है।

कालिगुला : अब समझे तुम कि मैं क्यों तुम्हारा विश्वास नहीं कर रहा था। तुम बुज़दिल तो बिलकुल नहीं हो? क्यों ठीक है ना?

वृद्ध सामन्त : नहीं...

कालिगुला : और विश्वासघाती भी नहीं?

वृद्ध सामन्त : यह पूछने की ज़रूरत क्या है केईयस?

कालिगुला : इसका मतलब हुआ कि मेरे विरुद्ध कोई षड्यंत्र नहीं है। यह यों ही किसी की शरारत थी?

वृद्ध सामन्त : *(उतरे मुँह से)* जी, मज़ाक, एक बेतुका मज़ाक...

कालिगुला : और यह भी साफ़ ज़ाहिर है कि मुझे कोई मारना नहीं चाहता?

वृद्ध सामन्त : कोई नहीं, बिलकुल कोई नहीं।

कालिगुला : *(ज़ोर-ज़ोर से साँस लेता है। फिर अपने को सँभालकर सामान्य रूप से)* चलो, अब जाओ, जानेमन! एक ईमानदार आदमी ऐसा दुर्लभ जन्तु है इस दुनिया में कि मेरे लिए उसे बहुत देर तक देखना असहनीय हो जाता है। अब मुझे कुछ देर के लिए अकेला छोड़ दो। मैं इस खास घड़ी के आनन्द को अकेले में अनुभव करना चाहता हूँ।

दृश्य : 5

[कालिगुला कुछ क्षण तख्ती को देखता है। फिर झपटकर ले लेता है। बहुत कसके पकड़ता है, पढ़ रहा है। उसकी साँस फिर तेज़ चलने लगती है। एक गार्ड को बुलाता है।]

कालिगुला : कीरिआ को लेकर आओ।

[गार्ड जाने लगता है।]

कालिगुला : और सुनो!

[गार्ड रुक जाता है।]

कालिगुला : बाइज्जत!

[गार्ड चला जाता है।]

[कालिगुला कक्ष में ऊपर-नीचे चहलकदमी करता है, फिर दर्पण के सामने जाकर खड़ा हो जाता है। अपने प्रतिबिम्ब से—]

कालिगुला : तूने ठंडे दिमाग से काम करना तय किया था बेवकूफ! अब सिर्फ़ देखना यह है कि ऐसे कब तक काम चलेगा। *(व्यंग्यपूर्वक)* अगर वह मेरे लिए चाँद ले आए तब तो सब ठीक हो जाएगा। ठीक है ना? जो कुछ अभी असम्भव है, सम्भव हो जाएगा। और पलक मारते ही क्षण-भर में

सबकुछ बदल जाएगा। आखिर क्यों नहीं? किसे पता लगेगा? *(अपने चारों ओर देखता है)* मुझसे लोग कतराने लगे हैं। पता नहीं क्यों? *(दर्पण को सम्बोधित करके दबी आवाज़ में)* इतनी मौतें, और अब दुनिया खाली हो गई। अब अगर वे मेरे लिए चाँद ले भी आएँ तो मैं गुजरा समय वापस नहीं ला पाऊँगा। धूप के आलिंगन से मृत शरीर स्फुरित हो भी जाए, फिर भी ये इतनी हत्याएँ जो करवाई हैं, छुप नहीं सकेंगी। *(क्रोध से)* अक्ल, कालिगुला! अक्ल, जो रास्ता दिखाए, उसे अपनाओ। परम शक्ति अन्त तक। स्वच्छन्दता अन्त तक। पीछे हटना कठिन है। अब तो चरमसीमा तक, पूर्ण प्राप्ति तक जाना ही होगा।

[कीरिआ आता है।]

दृश्य : 6

[कालिगुला अपनी कुर्सी में थका-सा गिर पड़ा है। अपने कोट में सिमटा हुआ, एकदम निःशक्त दिख रहा है।]

कीरिआ : तुमने मुझे बुलवाया है, केईयस?

कालिगुला : *(बड़ी निर्बल आवाज़ में)* हाँ कीरिआ! गार्ड, रोशनी लाओ।

(खामोशी)

कीरिआ : तुम्हें मुझसे क्या कोई विशेष बात करनी है?

कालिगुला : नहीं कीरिआ!

(खामोशी)

कीरिआ : *(खीझकर)* तो, मेरा यहाँ होना ज़रूरी है?

कालिगुला : बहुत ज़रूरी है कीरिआ! *(फिर खामोशी! और फिर एकदम तेज़ी से जैसे अचानक कुछ याद आ गया हो)* माफ़ करना, मैं अपने खयालों में खोया हुआ था। तुमसे ठीक से नहीं मिल पाया। आओ, यहाँ बैठो। मिलकर सलाह-मशविरा करते हैं। किसी बुद्धिमान आदमी से मेरा बात करना बड़ा ज़रूरी था।

[कीरिआ बैठता है। कालिगुला इस नाटक के प्रारम्भ से इस वक़्त पहली बार स्वाभाविक लगता है।]

कालिगुला : कीरिआ, क्या यह सम्भव है कि दो इनसान, जिनका कि मिज़ाज़ एक-सा हो और अभिमान भी बराबर हो, ज़िन्दगी में कभी एक साथ बैठकर ईमानदारी से बात कर सकें? उनके बीच न कोई पूर्व धारणा हो, न कोई निजी स्वार्थ, न किसी तरह का कोई झूठ?

कीरिआ : मैं समझता हूँ यह सम्भव है केईयस, लेकिन तुम्हारे बस की बात नहीं है।

कालिगुला : ठीक कह रहे हो। मैं तो सिर्फ़ इतना जानना चाहता था कि क्या तुम भी मेरी ही तरह सोचते हो? चलो, हम फिर अपने-अपने मुखौटे पहनें, एक-दूसरे के विरुद्ध मजबूत-से-मजबूत झूठ का सहारा लें और शुरू करें अपना यह वाक् द्वन्द्व-युद्ध! कीरिआ, तुम मुझसे प्यार क्यों नहीं करते?

कीरिआ : इसलिए कि तुममें प्यार करने लायक कुछ है नहीं, केईयस! इसलिए कि ये चीज़ें आदेशों से नहीं पाई जा सकतीं। और इसलिए भी कि मैं तुम्हें बहुत ही अच्छी तरह समझता हूँ। किसी के उस पहलू को, जिसे वह हमेशा अपने आपमें छुपाकर रखना चाहे, कैसे प्यार किया जा सकता है?

कालिगुला : मुझसे नफ़रत क्यों करते हो?

कीरिआ : यहाँ तुम गलती कर रहे हो, केईयस! मैं तुमसे नफ़रत नहीं करता। सिर्फ़ तुम्हें अनिष्टकारी, क्रूर, दम्भी और स्वार्थी समझता हूँ। मैं तुमसे नफ़रत कर ही नहीं सकता, क्योंकि मैं नहीं समझता कि तुम खुश हो। तुम्हारा तिरस्कार भी नहीं कर सकता, क्योंकि मैं जानता हूँ तुम डरपोक नहीं हो।

कालिगुला : फिर तुम मुझे मारना क्यों चाहते हो?

कीरिआ : यह मैं तुम्हें बता चुका हूँ—मैं तुम्हें बेहद अनिष्टकारी समझता हूँ। सुरक्षा मेरा शौक है और ज़रूरत भी। यहाँ ज़्यादातर लोग भी यही चाहते हैं। वे ऐसे वातावरण में नहीं जीना चाहते जहाँ कोई कितनी भी बेतुकी सनक किसी भी समय सच हो जाए अथवा किसी भी पल उसकी दुनिया में ऐसे घुस आए जैसे दिल में कोई छुरा भोंकता है। मैं ऐसी दुनिया में जीना नहीं चाहता, बल्कि बेहतर यह समझता हूँ कि अपने जीवन को दोनों हाथों में सँभालकर रखूँ।

कालिगुला : सुरक्षा और युक्ति साथ-साथ नहीं चल सकते।

कीरिआ : यह सच है। और यह इच्छा चाहे युक्तिसंगत न हो, लेकिन वास्तविक है।

कालिगुला : बोलते रहो।

कीरिआ : मुझे और कुछ नहीं कहना। मैं तुम्हारी युक्ति और निष्कर्ष का साझीदार नहीं बनना चाहता। आदमी के क्या फ़र्ज़ होते हैं, इस बारे में मेरे विचार तुमसे अलग हैं। मुझे मालूम है, तुम्हारी रैयत के ज़्यादातर लोग भी वही चाहते हैं जो कि मैं! तुम सभी को अत्यन्त अरुचिकर हो। स्वाभाविक ही है कि वे अब तुम्हें हटा देना चाहते हैं।

कालिगुला : यह सब बड़ा स्पष्ट है और एकदम उचित भी। यह भी स्पष्ट है कि ज़्यादातर लोगों की यही इच्छा होगी। लेकिन तुम्हारी इच्छा यह नहीं हो सकती। तुम बुद्धिमान हो, और बुद्धिमत्ता या तो बहुत महँगी पड़ती है या त्यागनी पड़ती है। मैं उसकी कीमत चुकाता हूँ। लेकिन तुम न तो उसे त्यागते हो, न कीमत अदा करना चाहते हो।

कीरिआ : इसलिए कि मैं जीना भी चाहता हूँ और खुश रहना भी। मैं जानता हूँ कि निरर्थकता को यदि उसके सभी युक्तिगत परिणामों की ओर धकेला तो न जीवन हाथ आएगा, न खुशी ही। मैं तो सबकी तरह साधारण-सा दुनियादार इनसान हूँ। अपने आपको एकदम स्वच्छन्द महसूस करने के लिए कभी-कभी मैं जिन्हें बहुत प्यार करता हूँ उनकी भी मौत चाहने लगता हूँ। कभी-कभी उन स्त्रियों का काल्पनिक भोग करता हूँ जो समाज की ओर से, या मेरी अपनी दोस्ती की ओर से मेरे लिए निषिद्ध हैं। और अपने आपको युक्तिसंगत सिद्ध करने के लिए यह ज़रूरी होगा कि मैं किसी की जान लूँ या उन स्त्रियों से रमण करूँ जिनकी चाह मुझे थी! लेकिन मैं समझता हूँ ये अस्पष्ट इच्छाएँ खास मतलब नहीं रखतीं। अगर सारी दुनिया अपनी इन इच्छाओं

को पूरा करने लगे, तो हममें से कोई भी न तो चैन से जी पाएगा, न खुश हो सकेगा। मैं पुन: यही कहूँगा कि ये चीज़ें हैं, जो मेरे लिए महत्व रखती हैं।

कालिगुला : इसका मतलब कि तुम किसी बहुत ऊँचे विचार में विश्वास करते हो।

कीरिआ : मैं तो सिर्फ़ यह जानता हूँ कि कुछ कर्म, दूसरे कर्मों से ज़्यादा सुन्दर होते हैं।

कालिगुला : मैं समझता हूँ सब कर्म बराबर होते हैं।

कीरिआ : मैं जानता हूँ केईयस! इसीलिए तुमसे नफ़रत भी नहीं करता। लेकिन तुम बहुत अप्रिय हो और अब तुम्हारा हट जाना ही उचित है।

कालिगुला : यह एकदम ठीक है। लेकिन मुझे यह सब बताकर अपनी जान ज़ोखिम में क्यों डाल रहे हो?

कीरिआ : इसलिए कि मेरी जगह और आ जाएँगे। और इसीलिए कि मैं झूठ बोलना पसन्द नहीं करता।

[खामोशी।]

कालिगुला : कीरिआ!

कीरिआ : हाँ, केईयस!

कालिगुला : क्या तुम विश्वास करते हो कि दो आदमी, जिनका कि मन और अहंकार बराबर हो, कम-से-कम ज़िन्दगी में एक बार एक-दूसरे से दिल खोलकर बात कर सकेंगे ?

कीरिआ : मेरे खयाल से ऐसा हम अभी कर चुके हैं।

कालिगुला : हाँ कीरिआ, लेकिन फिर भी तुम मुझे इसके काबिल नहीं समझते।

कीरिआ : मेरा अन्दाज़ा गलत था, केईयस! यह मैं मानता हूँ और तुम्हारा आभारी हूँ। अब तुम्हारे फैसले का इन्तज़ार कर रहा हूँ।

कालिगुला : *(खयालों में डूबा हुआ)* मेरा फैसला? ओ, तुम कहना चाहते हो...*(अपने लबादे में से तख्ती निकालकर दिखाते हुए)* इसे पहचानते हो कीरिआ?

कीरिआ : मुझे मालूम था यह तुम्हारे पास है।

कालिगुला : *(भावाविष्ट होकर)* हाँ कीरिआ! और अभी, जिस निश्छलता से तुम बात कर रहे थे, वह सब क्या ढोंग था? इन दो आदमियों ने आखिरकार एक-दूसरे से दिल खोलकर बात नहीं की। खैर, ये कोई खास बात नहीं है। अब हम सच्चाई का यह नाटक ख़त्म करके, दुबारा पहले की ही तरह ज़िन्दगी शुरू करते हैं। जो मैं तुमसे अब कहने जा रहा हूँ, उसे समझने की कोशिश करो। मेरे अब तक के सनकी विचारों और अपराधों को भूल जाओ। सुनो कीरिआ, सिर्फ़ यह तख्ती ही एक सबूत है तुम्हारे विरुद्ध।

कीरिआ : मैं जा रहा हूँ केईयस! अब मैं उकता गया हूँ इस मसखरेपन से। मैं तख़्ती को अच्छी तरह पहचानता हूँ अब और नहीं देखना चाहता।

कालिगुला : *(भावपूर्ण व तनावपूर्ण आवाज़ में)* ठहरो थोड़ा! यही एक सबूत है ना?

कीरिआ : मैं नहीं समझता कि किसी को मरवाने के लिए तुम्हें सबूतों की ज़रूरत है।

कालिगुला : यह सच है। लेकिन एक बार मैं खुद अपना प्रतिवाद करना चाहता हूँ। इसमें किसी को भी कोई आपत्ति नहीं है। और कभी-कभी खुद अपना प्रतिवाद करके बड़ा अच्छा लगता है। इससे आराम मिलता है। आराम की मुझे बहुत ज़रूरत है कीरिआ!

कीरिआ : मैं कुछ नहीं समझ पा रहा और मुझे इन उलझनों में फँसने का कोई शौक नहीं।

कालिगुला : बेशक, कीरिआ! तुम तो एक स्वस्थ आदमी हो। तुमने कभी कोई असाधारण वस्तु की इच्छा ही नहीं की। *(खिलखिलाकर हँस पड़ता है)* तुम तो सिर्फ़ जीना चाहते हो और खुश रहना चाहते हो। बस, सिर्फ़ इतना ही।

कीरिआ : मेरे खयाल से बेहतर होगा कि हम यह बात अब यहीं ख़त्म करें।

कालिगुला : अभी नहीं! कुछ सबर रखो। देखो, मेरे पास यह एक सबूत है। मैं यह मानना चाहता हूँ कि इसके

बिना तुम्हें मौत की सज़ा नहीं दी जा सकती। यह मेरा विश्वास है और मेरी शान्ति का आधार। और अब यह देखो कि एक शहंशाह के हाथ में सबूतों का क्या रूप हो जाता है। *(वह तख्ती के पास एक मशाल लेकर आता है। कीरिआ उसके पीछे-पीछे है। दोनों के बीच में मशाल है। तख्ती पिघलने लगती है)* तुमने देखा षड्यंत्रकारी, यह पिघल रही है? और जैसे-जैसे पिघल रही है, तुम्हारे चेहरे पर निर्दोषिता की उषा खिलती जा रही है। कितना कान्तिपूर्ण, भव्य मस्तक है तुम्हारा कीरिआ! कितना खूबसूरत लगता है एक निर्दोष! कितना सुन्दर लगता है! मेरी क्षमता की सराहना करनी चाहिए तुम्हें। खुद भगवान् भी सज़ा देकर ही दोषमुक्त करता है। और तुम्हारे शहंशाह को ज़रूरत थी सिर्फ़ एक मशाल की—तुम्हें दोषमुक्त करने के लिए, तुम्हारी हिम्मत बढ़ाने के लिए। शाबाश, कीरिआ! इसी तरह अपनी वैभवपूर्ण नीतियों का अनुसरण करते रहो। तुम्हारे शहंशाह को अब आराम की ज़रूरत है। उसके जीने और खुश होने का निजी तरीका यही है।

[कीरिआ विस्मय से कालिगुला को देखता रहता है। उसकी मुखमुद्रा एकदम अनिश्चित

है, वह कुछ समझ जाने का आभास देता है, कुछ कहने को ओठ ज़रा-से खोलता है, लेकिन तुरन्त तेज़ी से अन्दर चला जाता है। कालिगुला, जो अभी तक तख्ती को मशाल के पास पकड़े हुए है, मुस्कराता है और कीरिआ को जाते देखता है।]

[पर्दा।]

अंक : चार

दृश्य : 1

[यह दृश्य हलके अँधेरे में होता है। कीरिआ और सीप्यों आते हैं। कीरिआ पहले दाईं ओर जाता है और फिर बाईं ओर, सीप्यों के पास लौट जाता है।]

सीप्यों : *(नाराजगी से)* तुम्हें मुझसे क्या चाहिए?

कीरिआ : समय बहुत कम रह गया है, हमें जल्दी ही दृढ़ता से तय करना चाहिए कि क्या करना है।

सीप्यों : तुमसे यह किसने कहा कि मैं अपने निश्चय पर दृढ़ नहीं हूँ।

कीरिआ : तुम कल हमारी सभा में नहीं आए थे।

सीप्यों : *(दूर देखते हुए)* हाँ, यह सच है कीरिआ!

कीरिआ : सीप्यों, मैं तुमसे उम्र में बड़ा हूँ, और मुझे मदद माँगने की भी आदत नहीं है। फिर भी इस समय मुझे तुम्हारी ज़रूरत है। इस हत्या के लिए ज़रूरी है कि इसके समर्थक सम्माननीय हों। इन आहत

मिथ्याभिमानों और कमीने भय के बीच सिर्फ़ तुम और मैं ही हैं, जिनके उद्देश्य वास्तविक हैं। मुझे यह भी मालूम है कि तुम हमें छोड़ भी दोगे तो भी कोई रहस्य नहीं खोलोगे। लेकिन इससे कोई फ़र्क नहीं पड़ता। मैं चाहता हूँ तुम हमारे साथ रहो।

सीप्यों : मैं तुम्हारी बात मानता हूँ। लेकिन मैं शपथपूर्वक कहता हूँ कि मुझसे यह नहीं हो पाएगा।

कीरिआ : तो क्या तुम उनके साथ हो?

सीप्यों : नहीं! लेकिन मैं उनके विरुद्ध भी नहीं हो सकता। *(खामोशी, फिर बहुत धीरे से)* मैं उन्हें मार भी दूँगा तो भी मेरा दिल उन्हीं के साथ रहेगा।

कीरिआ : हालाँकि उन्होंने तुम्हारे पिता की जान ली!

सीप्यों : हाँ! वहीं से तो यह सब शुरू हुआ। लेकिन वहीं सब ख़त्म भी हो गया।

कीरिआ : जो कुछ तुम मानते हो, वह उसका निषेध करता है। जो कुछ तुम पूजते हो, वह उसका उपहास करता है।

सीप्यों : यह सच है कीरिआ, लेकिन मेरे अन्दर कुछ है जो उनसे बहुत गहराई से जुड़ा है। एक ही शिखा हम दोनों के हृदय में प्रकाशमान है।

कीरिआ : कुछ मौके होते हैं जब फैसला करना ज़रूरी हो जाता है। मैंने तो अपने अन्दर वह सबकुछ मिटा दिया है जो उनसे किसी भी तरह मेल खा सकता था।

सीप्यों : मैं कोई फैसला नहीं कर सकता, क्योंकि अपनी वेदना के अलावा मुझे उनकी व्यथा का भी बहुत दुःख है। मेरी बदकिस्मती है कि मैं सबकुछ समझता हूँ।

कीरिआ : इसका मतलब, तुमने उनका साथ देने का निश्चय किया है।

सीप्यों : *(असहायता से चिल्लाकर)* नहीं-नहीं, कीरिआ, नहीं! विश्वास करो, मेरे लिए अब कभी भी, कोई भी, साथ देने लायक नहीं होगा।

[खामोशी। दोनों एक-दूसरे को देखते हैं।]

कीरिआ : *(सीप्यों की ओर आते हुए, प्यार से)* जानते हो, तुम्हारी इस दशा के लिए मैं उससे और ज़्यादा घृणा करने लगा हूँ?

सीप्यों : हाँ, जीवन में सबकुछ स्वीकार करना उसी ने मुझे सिखाया है।

कीरिआ : नहीं सीप्यों, उसने तुम्हें बेहद हताश कर दिया है। एक युवा हृदय को इतना आशाहीन कर देना उसके अब तक किए गए अपराधों में सबसे बड़ा अपराध है। तुम्हारी सौगन्ध, यह एक ही कारण काफ़ी है कि मैं उसे इसी क्षण ख़त्म कर दूँ।

[तेज़ी से निवास की ओर भागता है। हैलिकों अन्दर आता है।]

दृश्य : 2

हैलिकों : मैं तुम्हें कब से ढूँढ़ रहा हूँ कीरिआ? कालिगुला अपने निजी मित्रों को एक छोटी-सी पार्टी दे रहा है, उसमें तुम्हारा आना बड़ा ज़रूरी है। *(सीप्यों की ओर मुड़कर)* लेकिन तुम्हारी ज़रूरत नहीं पड़ेगी, मेरे दोस्त! तुम जा सकते हो।

सीप्यों : *(जाते-जाते कीरिआ की ओर मुड़कर)* कीरिआ!

कीरिआ : *(बहुत सहृदयता से)* हाँ सीप्यों!

सीप्यों : समझने की कोशिश करो।

कीरिआ : *(बहुत सहृदयता से)* नहीं सीप्यों!

[सीप्यों और हैलिकों बाहर चले जाते हैं।]

दृश्य : 3

[बाहर से हथियारों की आवाज़ आती है। मंच की दाईं ओर दो गार्ड नज़र आते हैं। वृद्ध सामन्त और पहले सामन्त को, जोकि अत्यन्त भयभीत हैं, अपनी संरक्षा में रास्ता दिखाते हुए—]

पहला सामन्त : *(गार्ड से, आवाज़ में दृढ़ता लाने की कोशिश करते हुए)* आखिर रात के इस समय उसे हमारी क्या ज़रूरत पड़ गई!

गार्ड : *(दाईं ओर रखी हुई कुर्सियाँ दिखाकर)* यहाँ बैठ जाओ।

पहला सामन्त : अगर ये सब हमारी जान लेने के लिए है—जैसे औरों की ली है, तो इतने ढोंग की क्या ज़रूरत है?

गार्ड : तुम यहाँ बैठ जाओ, बुड्ढे खच्चर!

वृद्ध सामन्त : चलो बैठ जाते हैं। इसे कुछ नहीं मालूम, यह तो साफ़ ज़ाहिर है।

गार्ड : हाँ, प्यारे दोस्त, यह तो साफ़ ज़ाहिर है!

[चला जाता है।]

पहला सामन्त : मैं तो पहले ही जानता था कि हमें जल्दी करनी चाहिए थी। अब तो यातना-कक्ष हमारा इन्तज़ार कर रहा है।

दृश्य : 4

कीरिआ : *(शान्त भाव से बैठते हुए)* क्या हो रहा है यह सब?

वृद्ध तथा पहला सामन्त : *(एक साथ)* हमारा षड्यंत्र खुल गया है।...

कीरिआ : तो?

वृद्ध सामन्त : *(काँपते हुए)* अब सिर्फ़ घोर यातना है।

कीरिआ : *(बिना घबराए)* मुझे याद है, कालिगुला ने एक बार एक दास चोर को 81,000 सेस्टर्स पुरस्कारस्वरूप दिए थे, क्योंकि बुरी तरह सताए जाने के बावजूद उसने अपना अपराध कबूल नहीं किया था।

पहला सामन्त : बस, इतनी मुसीबतों के बाद यही मिलता है?

कीरिआ : नहीं! लेकिन इससे यह पता लगता है कि उसे हिम्मत पसन्द है। और इसका हिसाब तुम्हें रखना चाहिए। *(वृद्ध सामन्त से)* अगर एतराज़ न हो तो आप ये दाँत किटकिटाना बन्द करें। मुझे यह आवाज़ बहुत खराब लगती है।

वृद्ध सामन्त : बात यह है कि...

पहला सामन्त : किस्से बहुत हो चुके। हमारी जान खतरे में है।

कीरिआ : *(बिना किसी घबराहट के)* तुम्हें कालिगुला के मनपसन्द शब्द मालूम हैं?

वृद्ध सामन्त : *(उसकी आखों से आँसू टपकनेवाले हैं)* हाँ, उसने वे जल्लाद से कहे थे—'धीरे-धीरे मारो, ताकि वह मौत को महसूस कर सके!'

कीरिआ : नहीं, इससे भी बेहतर! एक फाँसी देने के बाद जम्हाई लेते हुए उसने बड़ी गम्भीरता से कहा था—'जो चीज़ मुझे बेहद पसन्द है, वह है मेरी संवेदनहीनता।'

पहला सामन्त : *(दूर कोई आवाज़ सुनते हुए)* कुछ सुनाई दे रहा है आपको?

[शस्त्रों की आवाज़।]

कीरिआ : यह कथन उसकी एक कमज़ोरी दिखाता है।

वृद्ध सामन्त : कृपा करके तुम यह उपदेश देना बन्द करोगे? मुझे इनसे सख़्त नफ़रत है।

[पीछे से एक दास आता है और एक कुर्सी पर कुछ छुरे तरतीब से जमाकर चला जाता है।]

कीरिआ : *(जिसने कि दास को आते-जाते नहीं देखा)* हमें कम-से-कम यह तो मानना ही चाहिए कि इस आदमी का हमारे ऊपर बड़ा गहरा प्रभाव है। यह हमें कुछ सोचने पर मजबूर करता है—सारी दुनिया को सोचने पर मजबूर करता है। 'असुरक्षा' है जो हमें सोचना सिखाती है। और यही कारण है कि इतनी नफ़रत इसका पीछा करती है।

वृद्ध सामन्त : *(काँपते हुए)* वह देखो!

कीरिआ : *(छुरों को देखते ही उसकी आवाज़ कुछ मन्द पड़ जाती है)* तुम शायद ठीक ही कह रहे थे।

पहला सामन्त : हमें जल्दी करनी चाहिए थी। हमने इन्तज़ार ज़्यादा लम्बा कर लिया।

कीरिआ : हाँ! यह सबक हमने देर से सीखा।

वृद्ध सामन्त : लेकिन यह पागलपन है। मैं मरना नहीं चाहता।

[वह उठता है और भाग जाना चाहता है। दो गार्ड तेज़ी से उसे पकड़ते हैं। थप्पड़ मारकर दृढ़ता से पकड़े रहते हैं। पहला सामन्त अपनी कुर्सी खिसकाता है, कीरिआ उससे कुछ कहता है जिसे हम सुन नहीं पाते। अचानक, पार्श्व। से एक विचित्र संगीत—कर्कश और धमाकों-भरा—शुरू होने की आवाज़ आती है सामन्त एकदम चुप होकर एक-दूसरे को देखने लगते हैं। कालिगुला बैले-नर्तकों का ऊँचा स्कर्ट पहने हुए, सिर पर फूल सज़ाकर, धूप का चीनी छाता लेकर प्रकाशमान पर्दे पर छाया-नृत्य की कुछ मुद्राओं की नकल करता हुआ दिखता है और फिर अन्धकार में लुप्त हो जाता है। तभी एक गार्ड गम्भीर स्वर में घोषणा करता है कि खेल ख़त्म हो गया। इसी बीच सीज़ोनिया, चुपचाप बैठे सामन्तों के पीछे आती है। इनकी आवाज़ इतनी भावहीन है कि सामन्त एकदम चौंक जाते हैं।]

दृश्य : 5

सीज़ोनिया : कालिगुला ने मुझे आपसे यह कहने के लिए भेजा है कि पहले वह आपको यहाँ राजकीय काम से बुलवाता था, लेकिन आज उसने आपको अपने साथ बैठकर एक कलात्मक भाव का अनुभव करने के लिए आमंत्रित किया है। *(खामोशी। फिर उसी आवाज़ में)* उसने यह भी कहा है कि जो अपना अनुभव व्यक्त नहीं कर पाएगा, उसका सिर कटवा दिया जाएगा।

[सब बिलकुल स्तब्ध।]

आग्रह करने के लिए माफ़ कीजिए। लेकिन मुझे आपसे यह जानना है कि क्या आपको यह नृत्य सुन्दर लगा?

पहला सामन्त : *(कुछ हिचकिचाकर)* नृत्य सुन्दर था सीज़ोनिया!

वृद्ध सामन्त : *(अत्यन्त कृतज्ञ भाव से)* हाँ, अति सुन्दर, सीज़ोनिया!

सीज़ोनिया : और तुम कीरिआ?

कोरिया : *(उदासीनता से)* बड़े ऊँचे दर्जे की कला थी उसमें।

सीज़ोनिया : बहुत बढ़िया। अब मैं आपके विचार कालिगुला को बता सकूँगी।

दृश्य : 6

[हैलिकों अन्दर आता है।]

हैलिकों : मुझे बताओ कीरिआ, क्या यह सचमुच बड़ी ऊँची कला का प्रदर्शन था?

कीरिआ : हाँ, एक तरह से।

हैलिकों : ओह, मैं समझा। तुम बहुत शक्तिशाली हो कीरिआ! एक ईमानदार आदमी की तरह निर्लिप्त, लेकिन सचमुच बहुत मजबूत! मैं ताकतवर नहीं हूँ लेकिन तुम्हें केईयस को हाथ नहीं लगाने दूँगा, चाहे वह खुद भी कहे।

कीरिआ : मुझे तुम्हारी बात बिलकुल समझ में नहीं आ रही। लेकिन मैं तुम्हारी अटूट श्रद्धा की दाद देता हूँ। वफ़ादार नौकर मुझे पसन्द हैं।

हैलिकों : बड़ा अभिमान है तुम्हारे भीतर? है न ? यह सच है कि मैं एक पागल की नौकरी कर रहा हूँ। लेकिन तुम? तुम किसकी सेवा कर रहे हो? सदाचार की ? सुनो, इस बारे में मैं क्या सोचता हूँ। मैं एक गुलाम पैदा हुआ था। शुरू में सदाचार को, ईमानदार आदमी को चाबुक के बल पर नचाया है। केईयस ने मुझे कोई उपदेश नहीं दिए। मुझे स्वतंत्र किया और अपने राजभवन में रख लिया। तब तुम सदाचारियों से

मेरा सम्पर्क हुआ। और मैंने देखा कि तुम लोगों के चेहरे की मलिनता और गन्ध बड़ी निकृष्ट होती है—उन लोगों की नीरस गन्ध जिन्होंने न कभी कोई दुःख भोगे, न ज़ोखिम उठाए। मैंने बड़े अलंकृत, उच्चपदस्थ व्यक्ति देखे हैं जो दिल के सूदखोर, शक्ल से लालची और हाथ से चालबाज थे। तुम लोग न्यायकर्ता कैसे हो सकते हो? तुम, जोकि सद्गुण की जैसे दुकान लगाते हो, सुरक्षा का स्वप्न ऐसे देखते हो जैसे कोई युवती प्रेम के। तुम, जोकि शायद अन्ततः इसी भय में मर भी जाओगे बिना यह जाने कि तुमने ज़िन्दगी-भर झूठ बोला है।...तुम लोग उस पर निर्णय देने का कष्ट उठाते हो जिसने कि अनगिनत यातनाएँ झेली हैं, जिसके कि हजारों नए घावों से हर रोज़ ख़ून बहता है। यह निश्चित है कि तुम पहले मुझ पर प्रहार करोगे। गुलाम का अपमान करते हो कीरिआ? यह तुम्हारे सदाचार से ऊँचा है, क्योंकि यह अब भी अपने इस अभागे स्वामी को चाह सकता है जिसकी रक्षा यह तुम्हारे कुलीन धोखों और मिथ्या शपथों से हमेशा करता रहेगा...

कीरिआ : प्रिय हैलिकों, तुम तो अपने भाषण के प्रवाह में बह ही गए। असल में देखो तो तुम्हारी पसन्द पहले बेहतर थी।

हैलिकों : बड़ा अफसोस है, सच! देखो, यह शक्ल देख रहे हो? ठीक है? ध्यान से देखो। बहुत बढ़िया! अब तुमने अपने दुश्मन को अच्छी तरह देख लिया है।

[चला जाता है।]

दृश्य : 7

कीरिआ : और अब, हमें बहुत जल्दी करनी चाहिए। तुम दोनों यहाँ ठहरो। शाम तक हम लोग सौ के करीब हो जाएँगे।

[चला जाता है।]

वृद्ध सामन्त : यहाँ ठहरो! यहीं ठहरो! मैं भी यहाँ से जाना चाहता हूँ। *(सूँघता है)* यहाँ तो मौत की बू आती है।

पहला सामन्त : या झूठ की ? *(उदासी से)* मैंने तो कहा था कि यह नृत्य सुन्दर है।

वृद्ध सामन्त : *(मैत्रीपूर्ण ढगं से)* हाँ, एक तरह से सुन्दर था। बहुत सुन्दर था।

[हवा के झोंके की तरह कुछ सामन्त और घुड़सवार अन्दर आते हैं।]

दृश्य : 8

दूसरा सामन्त : क्या हो रहा है? कुछ मालूम है तुम्हें? शहंशाह ने हमें बुलाया है।

वृद्ध सामन्त : *(खोया-सा)* हो सकता है, नृत्य के लिए बुलाया हो।

दूसरा सामन्त : कैसा नृत्य?

वृद्ध सामन्त : वही। मेरा मतलब, कलात्मक भाव।

तीसरा सामन्त : मुझे किसी ने बताया है कि कालिगुला बहुत बीमार है।

पहला सामन्त : हाँ, बीमार है।

तीसरा सामन्त : क्या हो गया उसे? *(अत्यधिक खुशी से)* सारे देवताओं की कसम, क्या वह मरनेवाला है?

पहला सामन्त : मैं तो ऐसा नहीं समझता। उसकी बीमारी दूसरों के लिए ही मरणकारी होती है।

वृद्ध सामन्त : अगर हम इतना कहने की हिम्मत करें।

दूसरा सामन्त : मैं तुम्हारी बात समझ गया। लेकिन क्या ऐसा कोई रोग नहीं जो हमारे लिए कम हानिकारक और ज़्यादा फायदेमन्द हो?

पहला सामन्त : नहीं! उसकी बीमारी को किसी का समर्थन नहीं चाहिए होता। इजाज़त हो तो...मुझे कीरिआ से मिलना है।

[बाहर जाता है। सीज़ोनिया अन्दर आती है। कुछ देर की खामोशी।]

दृश्य : 9

सीज़ोनिया : *(लापरवाही से)* कालिगुला के पेट में तकलीफ है। उसने अभी ख़ून की उलटी की थी।

[सामन्त उसे घेर लेते हैं।]

दूसरा सामन्त : हे प्रभो, सर्वशक्तिमान, मैं संकल्प करता हूँ, अगर वह ठीक हो जाए तो राजकीय खज़ाने में, मैं दो सौ हजार सेस्टर्स डालूँगा।

तीसरा सामन्त : *(बढ़ा-चढ़ाकर)* हे बृहस्पति! उसकी जगह मेरा जीवन ले ले।

[कालिगुला कुछ क्षण पहले अन्दर आ जाता है। इन लोगों की बातें सुनता है।]

कालिगुला : *(दूसरे सामन्त की ओर बढ़ते हुए)* मुझे तुम्हारी भेंट स्वीकार है, लूशियस! बहुत-बहुत धन्यवाद! मेरा खज़ांची कल तुम्हारे यहाँ आ जाएगा। *(अब वह तीसरे सामन्त के पास जाता है, और उससे गले मिलता है)* तुम अन्दाज़ा नहीं लगा सकोगे, मैं कितना प्रभावित हुआ हूँ। *(खामोशी। फिर बड़ी कोमलता से)* इसका मतलब, तुम मुझे चाहते हो?

तीसरा सामन्त : *(भाव-विभोर होकर)* ओ, सीज़र! दुनिया में ऐसी कोई चीज़ नहीं जो मैं तुम्हारे लिए उसी वक़्त नहीं दे सकता।

कालिगुला : *(उसे फिर गले लगाते हुए)* यह तो ज्यादती है, केसियस! और मैं इतना प्यार पाने के काबिल भी तो नहीं। *(केईयस झूठे विरोध का संकेत करता है)* नहीं, नहीं, मैं तुमसे कह रहा हूँ, मैं इस काबिल नहीं हूँ। *(दो गार्डों को बुलाता है)* इन्हें ले जाओ! *(केसियस के प्यार से)* जाओ प्रिय! और याद रखना कि कालिगुला ने तुम्हें अपना दिल दे दिया।

तीसरा सामन्त : *(घबराया हुआ, परेशान-सा)* लेकिन ये लोग मुझे कहाँ ले जा रहे हैं?

कालिगुला : तुम्हारी मौत के पास! तुमने अपनी ज़िन्दगी मेरे लिए बलिदान जो कर दी है! मैं अब पहले से काफ़ी ठीक हूँ। अब तो मुँह में से ख़ून का वह जघन्य स्वाद भी चला गया। तुमने मुझे ठीक कर दिया। केसियस, क्या तुम किसी दूसरे के लिए अपना जीवनदान देकर खुश हो? खासतौर से तब, जबकि वह दूसरा, कालिगुला है? मैं तो अब फिर से तैयार हूँ सब उत्सवों में हिस्सा लेने के लिए।

[वे लोग तीसरे सामन्त को खींचकर ले जा रहे हैं, लेकिन वह छूटने के लिए हाथ-पैर मार रहा है और चिल्ला रहा है।]

तीसरा सामन्त : मुझे नहीं जाना! यह जरूर कोई मज़ाक है मेरे साथ!

कालिगुला : *(विचारों में खोया-सा, चीखों के बीच)* जल्द ही समुद्री रास्ते मीमोसा से ढँक जाएँगे। औरतें अपनी हलकी पोशाकों में होंगी। ये भव्य आकाश चंचल और सुहावना! केसियस, यही ज़िन्दगी की मुस्कानें हैं।

[केसियस बाहर जाने को तैयार है। सीज़ोनिया धीरे से उसे अन्दर को धक्का देती है।]

कालिगुला : *(वापस लौटता हुआ, अचानक गम्भीर आवाज़ में)* मेरे दोस्त, अगर तुमने अपनी ज़िन्दगी से भरपूर प्यार किया होता तो तुम इतनी जल्दी उससे खेलते नहीं।

[वे लोग केसियस को खींचकर ले जाते हैं। कालिगुला फिर से मेज़ के पास जाते हुए—]

और जब हम हार जाएँ तो भुगतान हमेशा करना चाहिए। *(खामोशी)* चलो सीज़ोनिया! *(अन्य लोगों की ओर घूमकर)* इत्तेफ़ाक से मुझे एक खूबसूरत खयाल आया है, जो मैं आप सबको बताऊँगा। मेरा शासन अब तक बड़ा सुखद रहा है। न कोई विश्वव्यापी महामारी, न क्रूर धर्म। राज्य-विप्लव या तख्ता उलटना भी नहीं। संक्षेप में, ऐसा कुछ नहीं हुआ जिससे कि आनेवाली

पीढ़ियाँ आपको याद कर सकें। इसी कारण मैं विधि के विधान में इस कमी को पूरा करने की कोशिश करना चाहता हूँ। मैं कहना चाह रहा हूँ...पता नहीं आप लोग मुझे समझ भी पा रहे हैं या नहीं? *(दीवानी हँसी हँसकर)* दरअसल अब मैं खुद महामारी बनकर आपके सामने आ रहा हूँ। *(आवाज़ में सख़्ती लाकर)* लेकिन, चुप हो जाइए। वह देखो, कीरिआ आ रहा है। सीज़ोनिया, अब तुम सँभालो।

[चला जाता है। कीरिआ और पहला सामन्त आते हैं।]

दृश्य : 10

[सीज़ोनिया बड़ी तेज़ी से चलकर कीरिआ से आधे रास्ते में मिलती है।]

सीज़ोनिया : कालिगुला मर गया!

[घूमकर शेष लोगों की तरफ देखती है जैसे कि रो रही हो वे सब चुप हैं। सबके चेहरे पर व्याकुलता के भाव हैं, लेकिन कारण अलग-अलग हैं।]

पहला सामन्त : तुम्हें पक्का मालूम है इस दुर्भाग्य के बारे में? यह नहीं हो सकता। अभी, कुछ ही देर पहले तो वे नृत्य कर रहे थे।

सीज़ोनिया : हाँ, उसी वज़ह से तो! यह थकान उनके लिए बहुत ज़्यादा हो गई।

[कीरिआ तेज़ी से एक व्यक्ति से दूसरे की ओर जाता है, फिर सीज़ोनिया की ओर मुड़ जाता है। सब एकदम स्तब्ध हैं।]

सीज़ोनिया : *(बहुत धीरे से)* तुम कुछ नहीं कह रहे कीरिआ?

कीरिआ : *(वैसे ही धीरे-धीरे)* यह बड़ी बदकिस्मती की बात है सीज़ोनिया!

[अकस्मात कालिगुला आ जाता है और कीरिआ की ओर चला जाता है।]

कालिगुला : अच्छा पार्ट किया कीरिआ! *(अपने पैरों पर एक बार गोल घूम जाता है और सबकी ओर देखता है। निराश होकर)* चलो, यह तो बात बनी नहीं *(सीज़ोनिया से)* जो मैंने तुम्हें बताया है, भूल मत जाना।

[चला जाता है।]

दृश्य : 11

[सीज़ोनिया चुपचाप उसे जाते हुए देखती है।]

वृद्ध सामन्त : *(अश्रान्त आशा लिये हुए)* क्या वे बीमार हैं, सीज़ोनिया?

सीज़ोनिया : *(उसे नफ़रत से देखते हुए)* नहीं प्रिय, लेकिन तुम नहीं जानते कि यह आदमी रात में सिर्फ़ दो घंटे सोता है। बाक़ी समय सो नहीं पाता। राजभवन की गैलरियों में चक्कर लगाता रहता है। जो तुम नहीं जानते और न ही तुमने कभी पूछा, वह यह कि ये इनसान, आखिर रात के इतने घंटे, अगले दिन सूर्य निकलने तक, सोचता क्या रहता है? अस्वस्थ है? नहीं, वह अस्वस्थ नहीं। यह अलग बात है कि तुम उन दूषित तत्त्वों के लिए, जिनसे कि उसकी आत्मा ढँकी हुई है, किसी नाम व इलाज की कल्पना करो।

कीरिआ : *(बहुत प्रभावित दिखता है)* तुम ठीक कह रही हो सीज़ोनिया! हमें नहीं मालूम था कि...

सीज़ोनिया : *(बहुत तेज़ी से, भावावेश में)* नहीं! यह बात नहीं कि तुम उनके हाल से अनभिज्ञ हो। बल्कि उन सबकी तरह जोकि निर्जीव होते हैं, तुम उन्हें बर्दाश्त नहीं कर सकते, जिनमें कि बहुत ज़्यादा जीवट होता है। जीवट की अधिकता-यही है

परेशानी की खास जड़। ठीक है न? और इसी को हम बीमारी कह देते हैं। मूर्ख इसे ही उचित समझते हैं और बड़े सन्तुष्ट होते हैं। *(स्वर में कुछ परिवर्तन लाकर)* तुमने कभी प्यार करके देखा है कीरिआ!

कीरिआ : *(अपने स्वाभाविक तरीके से)* सीज़ोनिया, इसे सीखने के लिए तो अब हम लोग ज़्यादा उम्र के हो गए। और फिर इसी का क्या भरोसा कि कालिगुला हमारे पास इसके लिए वक़्त भी छोड़ेगा।

सीज़ोनिया : *(पुन: अपना आत्मनियंत्रण प्राप्त करके)* हाँ, यह तो सच है। *(बैठ जाती है)* अरे, मैं कालिगुला के निर्देश तो भूल ही गई थी। तुम्हें मालूम है कि आज का दिन कला के नाम समर्पित है?

वृद्ध सामन्त : कैलेंडर के अनुसार?

सीज़ोनिया : नहीं, कालिगुला के अनुसार। उसने कुछ कवियों को बुलवाया है। वह उन्हें कोई विषय देगा उसी वक़्त कविता करने के लिए। उसकी इच्छा है कि तुम में से वे सब, जो कवि हैं, इस प्रतियोगिता में अवश्य भाग लें। उसने युवा सीप्यों और मेटेलस को खासतौर से मनोनीत किया है।

मेटेलस : लेकिन हमने तो कोई तैयारी भी नहीं की?

सीज़ोनिया : *(अनसुना करके, निरपेक्ष आवाज़ में)* पुरस्कार अवश्य दिए जाएँगे और दंड भी। *(पुन: सबके*

चेहरे पर चिन्ता के चिन्ह) वैसे निजी तौर पर मैं तुम्हें बता दूँ दंड ज़्यादा मुश्किल नहीं होगा।

[कालिगुला आता है। हमेशा से ज़्यादा क्षुब्ध।]

दृश्य : 12

कालिगुला : सब तैयार है?

सीज़ोनिया : *(गार्ड से)* कवियों को अन्दर बुलाओ।

[दोहरी कतार में बारह कवि अन्दर आते हैं और कदम-से-कदम मिलाकर मंच की दाईं ओर जाकर लाइन में खड़े हो जाते हैं।]

कालिगुला : और बाक़ी लोग?

सीज़ोनिया : सीप्यों और मेटेलस।

[दोनों जने कवियों के साथ ही खड़े हो जाते हैं। कालिगुला मंच पर एकदम पीछे जाकर बाईं तरफ सीज़ोनिया और शेष सामन्तों के साथ बैठता है। कुछ देर के लिए खामोशी।]

कालिगुला : विषय : मौत! समय : एक मिनट!

[कवि बड़ी बेकली से अपनी-अपनी तख्ती पर लिखते हैं।]

वृद्ध सामन्त : जूरी कौन होगा?

कालिगुला : मैं! क्या यह पर्याप्त नहीं है?

वृद्ध सामन्त : हाँ, हाँ, पूरी तरह पर्याप्त है।

कीरिआ : तुम क्या प्रतियोगिता में भाग ले रहे हो केईयस?

कालिगुला : मेरे लिए बेकार है। मैंने इस विषय पर अपनी कविता बहुत अर्से पहले ही बना ली थी।

वृद्ध सामन्त : *(आतुरता से)* हमें वह कहाँ से प्राप्त हो सकती है?

कालिगुला : अपने तरीके से मैं उसे हर रोज़ पढ़ता हूँ।

[सीज़ोनिया मानसिक पीड़ा व चिन्ता से उसे ध्यान से देखती है।]

कालिगुला : *(सीज़ोनिया से आवेगपूर्वक)* मेरी शक्ल क्या तुम्हें इतनी तकलीफ दे रही है?

सीज़ोनिया : *(मधुलता से)* मुझे माफ़ करो।

कालिगुला : अहह! बन्द करो ये दीनता! इतनी विनम्रता की कोई ज़रूरत नहीं। तुम्हें बर्दाश्त करना तो वैसे ही आफत है, ऊपर से तुम्हारी यह दीनता!

[सीज़ोनिया धीरे-धीरे दूर खिसक जाती है।]

कालिगुला : *(कीरिआ से)* हाँ, तो मैं कह रहा था...मैंने सिर्फ़ यही एक कविता बनाई है और यह इस बात का सबूत है कि समूचे रोम में, मैं ही एक ऐसा कलाकार हूँ। समझे तुम कीरिआ, ऐसा कलाकार, जो कि अपने विचारों को व्यवहार में लाता हो। जैसा कहे, वैसा करे!

कीरिआ : यह अपनी-अपनी क्षमता का मामला है।

कालिगुला : हाँ, वह तो है। बाक़ी कलाकार कविता करते हैं अपनी ताकत की क्षतिपूर्ति के लिए। मुझे कलाकृति की क्या ज़रूरत? मैं तो कला को दैनिक जीवनचर्या में परिणत करता हूँ। *(एकाएक चिल्लाकर)* तैयार हैं आप लोग?

मेटेलस : जी हाँ, हम सब तैयार हैं।

बाक़ी सब : जी, हम तैयार हैं।

कालिगुला : ठीक है। ध्यान से सुनिए। आपको अपनी-अपनी जगह छोड़नी पड़ेगी। मैं जैसे ही सीटी बजाऊँगा, आप में से पहला अपना काव्य पाठ शुरू करेगा। मेरी दूसरी सीटी पर वह रुक जाएगा, और दूसरा शुरू कर देगा; और इसी तरह ये क्रम चलता रहेगा। जिसकी रचना मेरी सीटी से कटेगी नहीं, वही विजयी घोषित होगा। तैयार हो जाइए सब लोग। *(कीरिआ की ओर मुड़कर विश्वस्त रूप से)* सब जगह अच्छे प्रबन्ध की ज़रूरत होती है—कला के क्षेत्र में भी!

[सीटी।]

पहला कवि : मौत! तेरे काल किनारों से उस पार जब...

[सीटी।]

[कवि उतरकर बाईं ओर चला जाता है दूसरा उसकी जगह लेता है ये क्रम चलता रहता है।]

दूसरा कवि : निजी कन्दरा में विराजित तीनों होनियाँ...

[सीटी।]

तीसरा कवि : मैं तुझे पुकारता हूँ ओ मौत...

[बहुत तीक्ष्ण सीटी।]

[चौथा कवि आकर खड़ा ही होता है कि सीटी बज जाती है। वह बोल भी नहीं पाता।]

पाँचवाँ कवि : मैं जब नन्हा बच्चा था...

कालिगुला : *(चिल्लाकर)* बन्द करो! एक बेवकूफ के बचपन का भला इस विषय से क्या सम्बन्ध हो सकता है? बता सकते हो मुझे कि क्या सम्बन्ध है दोनों में?

पाँचवाँ कवि : लेकिन केईयस, मैंने अभी ख़त्म नहीं किया।

[अति तीक्ष्ण सीटी।]

छठा कवि : *(गला साफ़ करता हुआ आगे बढ़ता है।)* ...अनमनीय वह बढ़ रही थी...

[सीटी।]

सातवाँ कवि : *(रहस्यमय)* दुर्बोध और विस्तृत वक्तव्य...

[सीटी। रुक-रुककर बार-बार।]

[सीप्यों बिना किसी तख्ती के आगे आता है।]

कालिगुला : तुम्हारी बारी है सीप्यों! तुम्हारे पास तख्ती नहीं है?

सीप्यों : मुझे ज़रूरत नहीं है।

कालिगुला : शुरू करो! *(अपनी सीटी को चबाता है।)*

सीप्यों : *(कालिगुला के बहुत ही पास से, बिना उसकी तरफ ध्यान देते हुए, बेहद लापरवाही से)* सुख की अनुगामिनी। तू आत्मा को पावन करती है। आकाश, जहाँ धूप लहलहाती है।
आनन्द में उन्मत्त, अद्वितीय पर्व मेरा आशाहीन दीवानापन...

कालिगुला : *(मधुरता से)* रुको। सुना तुमने! *(सीप्यों से)* मौत का तात्त्विक अर्थ समझने के लिए अभी तुम बहुत छोटे हो।

सीप्यों : *(कालिगुला को घूरते हुए)* अपने पिता को सदैव के लिए खो देने के लिए भी मैं बहुत छोटा था।

कालिगुला : *(तेज़ी से मुड़ते हुए)* चलो, आप बाक़ी लोग, लाइन में खड़े हो जाओ। ढोंगी कवि मेरी रुचि के लिए बहुत कष्टकारी हैं। मैं अब तक सोचता था कि आप सबको अपने साथी की तरह रखूँगा और कई बार कल्पना करता था कि कभी ज़रूरत पड़ने पर आप मेरे सुरक्षादल की आखिरी टुकड़ी होंगे। लेकिन यह सब बेकार है। मैं अब आप सबको अपने दुश्मनों के साथ ही रख रहा हूँ। मेरे कवि मेरे विरुद्ध हैं, मैं कह सकता हूँ, यह प्रत्यक्ष

अन्त है। ठीक से, क्रमशः बाहर जाइए। आप लोग मेरे सामने अपनी तख़्ती चाटते हुए गुजरेंगे, ताकि उन शर्मनाक चीज़ों का, जो आपने वहाँ लिखी हैं, नामोनिशाँ मिटाया जा सके। सावधान! आगे बढ़!

[तालबद्ध सीटी बजाता है कवि दाईं ओर से कदम मिलाकर अपनी चिरस्थायी तख़्ती को चाटते हुए बाहर जाते हैं।]

कालिगुला : *(बहुत धीमी आवाज़ में)* सब चले जाइए।

कीरिआ : *(दरवाज़े पर पहले सामन्त को कन्धे से हिलाते हुए)* अब हमारा मौका आ गया।

[सीप्यों, जो यह सुन लेता है, तेज़ी से कालिगुला की तरफ जाता है।]

कालिगुला : *(तीखेपन से)* तुम मुझे कुछ देर के लिए शान्ति में नहीं छोड़ सकते? जैसेकि तुम्हारे पिता ने इस वक़्त छोड़ रखा है?

दृश्य : 13

सीप्यों : देखो केईयस, यह सब बेकार है। मुझे मा़लूम है कि तुम अपनी इच्छा पहले से ही बना चुके हो।

कालिगुला : मुझे अकेला छोड़ दो।

सीप्यों : बस अब तुम्हें छोड़ने ही जा रहा हूँ। मुझे विश्वास हो गया है कि मैं तुम्हें अच्छी तरह से समझ गया हूँ। अब न तुम्हारे लिए, न ही मेरे लिए, जोकि तुम्हारे इतना अनुरूप है, कोई रास्ता खुला है। अब मैं बहुत दूर जा रहा हूँ—इन सब चीज़ों का मूल कारण ढूँढ़ने।

[कुछ देर के लिए पूर्ण खामोशी। सीप्यों कालिगुला की ओर देखता है। फिर भावाविष्ट होकर रुँधे गले से—]

सीप्यों : अलविदा प्रिय केईयस! जब सब समाप्त हो जाए, यह मत भूलना कि मैंने तुम्हें बहुत प्यार किया था।

[चला जाता है। कालिगुला उसे देखता रहता है। एक क्षण के लिए लगता है, जैसे उसके पीछे जाएगा, लेकिन अपने आपको रोक लेता है और सीज़ोनिया की ओर आता है।]

सीज़ोनिया : उसने तुमसे क्या कहा?

कालिगुला : वह तुम्हारी समझ के बाहर है।

सीज़ोनिया : तुम किस बारे में सोच रहे हो?

कालिगुला : उसके बारे में। और फिर तुम्हारे बारे में भी, लेकिन यह एक ही बात है।

सीज़ोनिया : तुम्हें क्या हो गया है?

कालिगुला : *(उसे ध्यान से देखते हुए)* सीप्यों चला गया है। मेरे लिए मित्रता ख़त्म हुई। लेकिन मैं सोचता हूँ, तुम क्यों अभी तक यहाँ हो?

सीज़ोनिया : क्योंकि तुम मुझे चाहते हो।

कालिगुला : नहीं। अगर मैं तुम्हें...मरवा दूँ तब शायद यह रहस्य समझ पाऊँगा।

सीज़ोनिया : यह अवश्य एक समाधान है, आज़माकर देख लो! लेकिन तुम, क्षणमात्र के लिए भी अपने आपको बन्धनमुक्त करके स्वच्छन्दता से क्यों नहीं जी सकते?

कालिगुला : अब तो कुछ वर्षों से मैं एकदम स्वतंत्रता से जीवनयापन कर रहा हूँ।

सीज़ोनिया : मेरा मतलब इस स्वतंत्रता से नहीं था। मुझे समझने की कोशिश करो। कितना अच्छा हो अगर कोई पूरी तरह दिल से जीए और प्यार करे।

कालिगुला : दिली साफ़गोई, हरेक अपनी-अपनी इच्छानुसार हासिल करता है। मुझे तलाश है वास्तविकता के तत्त्व की, सत्य के अस्तित्व की। खैर, यह सब मुझे इस बात की पुष्टि करने से नहीं रोक सकते कि मैं तुम्हें मार सकता हूँ। *(हँसता है)* यह मेरे जीवन की सर्वोच्च कीर्ति होगी।

[कालिगुला उठता है। दर्पण घुमाकर अपनी ओर कर लेता है। फिर हाथ लटकाकर, बिना

किसी भाव-मुद्रा के, जानवर की तरह गोल घेरे में घूमता है।]

कालिगुला : बड़ी विचित्र बात है। जब मैं किसी को मार नहीं पाता तो अपने आपको अकेला महसूस करता हूँ। जीवित लोग मेरे संसार को आबाद करने के लिए, या इस उकताहट को दूर करने के लिए नाकाफी हैं। जब तुम सब यहाँ होते हो तो मुझे एक अथाह शून्य का आभास होता है, जिसकी गहराई में झाँकने से भी मैं डरता हूँ! मैं सिर्फ़ अपने मृतकों के बीच अच्छा रहता हूँ। *(दर्शकों की ओर मुँह करके खड़ा होता है, कुछ आगे को झुका-सा। अब सीज़ोनिया को भूल गया है।)* वही वास्तविक हैं, मेरे समरूप हैं, मेरा इन्तज़ार कर रहे हैं : मुझे बुला रहे हैं। *(अपना सिर हिलाता है)* मैं उनमें से किसी भी ऐसे एक के साथ देर तक वार्तालाप करता हूँ जो दया के लिए बहुत चिल्लाया था, लेकिन मैंने उसकी ज़बान कटवा दी थी!

सीज़ोनिया : यहाँ आओ! मेरे पास लेट जाओ। मेरे घुटनों पर अपना सिर रख लो *(कालिगुला वैसे ही करता है)* तुम एकदम ठीक हो। सबकुछ शान्त है।

कालिगुला : सबकुछ शान्त है? तुम झूठ बोल रही हो। तुम्हें यह लोहे की टनटनाहट सुनाई नहीं दे रही?

(आवाज़ सुनाई पड़ती है) तुम्हें नफ़रत-भरा यह इतना कोलाहल सुनाई नहीं पड़ रहा?

[काफ़ी मिला-जुला शोर]

सीज़ोनिया : किसी की हिम्मत नहीं हो सकती...

कालिगुला : हो सकती है, बेवकूफों की...

सीज़ोनिया : बेवकूफी जान नहीं ले सकती, अक्लमन्द हो जाती है।

कालिगुला : वह हिंसक हो जाती है सीज़ोनिया! हिंसक हो जाती है जब अपने आपको अपमानित महसूस करे। अहह! मेरी हत्या वे नहीं करेंगे, जिनके कि बेटे को मैंने मरवाया या जिनके पिता की जान ली। वे अब समझदार हो गए हैं। वे मेरे साथ हैं। उनके भी मुँह में वही स्वाद है। लेकिन वे दूसरे लोग, जिनका कि मैंने मज़ाक उड़ाया, उपहास किया, उनके आहत स्वाभिमान के सामने मैं एकदम निस्सहाय हूँ।

सीज़ोनिया : *(ज़ोर से)* हम लोग तुम्हें बचा लेंगे। ऐसे लोग काफ़ी बचे हैं, जो तुम्हें अब भी चाहते हैं।

कालिगुला : लेकिन तुम लोग हर दिन कम होते जा रहे हो। और इस परिणाम तक पहुँचने के लिए जो कुछ ज़रूरी था, मैंने किया। फिर—अगर निष्पक्षता से देखें—मेरे विरुद्ध सिर्फ़ बेवकूफ ही नहीं, उन

लोगों की वफ़ादारी और हिम्मत भी हैं, जो खुश रहना चाहते हैं।

सीज़ोनिया : *(उसी आवाज़ में)* नहीं, नहीं, वे तुम्हें मार नहीं सकते। इससे पहले कि वे तुम्हें हाथ लगाएँ, अन्तरिक्ष से उतरी आग उन्हें भस्म कर देगी।

कालिगुला : अन्तरिक्ष से! पागल औरत! अन्तरिक्ष कुछ नहीं होता *(वह बैठ जाता है)* लेकिन, यह अचानक इतना प्यार कैसे? यह हमारी रोज़ की आदत नहीं है।

सीज़ोनिया : *(जिसने उठकर चलना शुरू कर दिया है)* इसका मतलब यह हुआ कि औरों को मारते देखना तुम्हारे लिए काफ़ी नहीं है, यह समझना भी आवश्यक है कि तुम भी मार दिए जाओगे। यही काफ़ी नहीं है कि मैं तुम्हारी क्रूरता व अत्याचार को स्वीकार करती हूँ; जब तुम मेरे उदर पर फैल जाते हो, मैं तुममें से आ रही हत्या की दुर्गन्ध को महसूस करती हूँ। हर रोज़ मैं तुम्हारे अन्दर के इनसान को थोड़ा-थोड़ा मरते हुए देख रही हूँ। *(उसकी ओर घूम जाती है)* मैं जानती हूँ 'मैं अब बुढ़ा गई हूँ' देखने में भद्दी हो गई हूँ। लेकिन तुम्हें अपना बनाए रखने की चिन्ता मुझमें अब इतनी प्रगाढ़ हो गई है कि तुम मुझे प्यार नहीं करते, इसका महत्व नहीं रह गया। मैं तो सिर्फ़ तुम्हें ठीक हुआ देखना चाहती हूँ।

तुम्हें, जोकि अभी बच्चे ही हो और एक पूरी ज़िन्दगी तुम्हारे सामने है। और तुम्हें क्या चाहिए, जो एक ज़िन्दगी से भी बड़ा हो?

कालिगुला : *(उठते हुए उसे ध्यान से देखता है)* बहुत समय हो गया, जबसे तुम यहाँ हो।

सीज़ोनिया : यह सच है। लेकिन तुम चाहोगे कि मैं ठहरूँ?

कालिगुला : मैं नहीं जानता। मैं सिर्फ़ यह जानता हूँ कि तुम यहाँ क्यों हो : उन सब रातों की वज़ह से, जो हमने साथ गुजारीं? जिनमें उत्कट आनन्द तो था, लेकिन खुशी नहीं थी? और उस सबकी वज़ह से जो तुम मुझमें समझती हो? *(उसे अपनी बाँहों में ले लेता है? अपने सीधे हाथ से उसका सिर पीछे झुकाते हुए)* मैं 29 साल का हूँ। बहुत कम उम्र है। लेकिन इस वक़्त जबकि मेरी ज़िन्दगी मुझे बहुत लम्बी दिख रही है, मेरे ही व्यक्तित्व के विकृत अवशेषों से इस कदर लदी हुई कि करीब-करीब पूरी हुई-सी लगती है—इसकी तुम आखिरी साक्षी बची हो। और मैं अपने आपको उस वृद्ध स्त्री के प्रति, जो तुम जल्द ही हो जाओगी, एक अजीब-सी लज्जापूर्ण सहृदयता महसूस करने से रोक नहीं पा रहा।

सीज़ोनिया : यह कह दो कि तुम मुझे अपने साथ रखोगे!

कालिगुला : मैं नहीं जानता। मैं सिर्फ़ इतना जानता हूँ—और यह बड़ी अनोखी बात है—कि झेंपती हुई यह

सहृदयता ही वह सच्ची और निर्मल भावना है जो मेरी ज़िन्दगी ने मुझे अब तक सौंपी है।

[सीज़ोनिया अपने आपको उसके बाँह-बन्धन से छुड़ाती है। कालिगुला उसके पीछे हो जाता है। वह अपनी पीठ कालिगुला के सीने से सटा लेती है और वह उसे अपनी बाँहों से घेर लेता है।]

कालिगुला : क्या यह बेहतर नहीं होगा कि आखिरी गवाह गायब कर दिया जाए?

सीज़ोनिया : कोई फ़र्क नहीं पड़ता। जो तुमने मुझसे कहा, मैं जानकर बहुत खुश हूँ। लेकिन मैं तुम्हारे साथ यह खुशी बाँट क्यों नहीं पा रही?

कालिगुला : तुमसे यह किसने कहा कि मैं खुश नहीं हूँ।

सीज़ोनिया : खुशी हमेशा उदार होती है। वह विनाश पर नहीं पनपती।

कालिगुला : तब तो खुशी जरूर दो तरह की होती होगी, जिसमें से मैंने अपने लिए हिंसक को चुना है। और मैं खुश हूँ। एक समय था, जब मुझे लगा कि मैं दुःख की आखिरी सीमा तक पहुँच गया हूँ। लेकिन नहीं। हम और भी आगे जा सकते थे। पीड़ा की इस सरहद के आगे आती है एक निस्सार और महान खुशी। मुझे देखो *(वह उसकी ओर मुड़ती है)* यह सोचकर मुझे हँसी

आती है सीज़ोनिया कि इतने वर्षों तक सारा रोम ड्रसिला का नाम तक लेने से कतराता रहा, क्योंकि वह इस पूरे दौर में एक गलतफहमी में था। प्यार मेरे लिए काफ़ी नहीं है, यह मैं अब समझा। यही मैं आज, जब तुम्हें देख रहा हूं तो दुबारा समझ रहा हूँ। किसी से प्यार करने का मतलब है, उसके ही साथ बूढ़े हो जाने का अनुबन्ध। मैं इस प्यार के काबिल नहीं हूँ। ड्रसिला का बूढ़ा होना उसकी मौत से कहीं ज़्यादा खराब होता। हम एक आदमी को दुःखी समझते हैं, क्योंकि जिसे वह प्यार करता था, एक दिन मर गई। लेकिन उसका वास्तविक दुःख इतना निरर्थक नहीं होता, क्योंकि वह जानता है कि कोई भी व्यथा हमेशा के लिए स्थायी नहीं होती। दुःख भी किसी सार्थक अभिप्राय से वंचित है।...

तुमने देखा, मेरे पास कोई वज़ह नहीं थी। प्यार की छाया तक नहीं। न किसी गहरे विषाद की कडुवाहट। मेरे पास कतई कोई बहाना नहीं था। लेकिन आज मैं पहले की तुलना में ज़्यादा स्वाधीन हूँ क्योंकि मैं अब पुरानी स्मृतियों व भ्रम, दोनों से ही मुक्त हूँ *(दीवानेपन से हँसता है)*। मैं अच्छी तरह जानता हूँ कि कुछ भी स्थायी नहीं होता। हरेक के लिए यह समझना

असम्भव है। पूरे इतिहास में हम दो या तीन ही होंगे, जिन्होंने यह उन्मत्त आनन्द वास्तव में अनुभव और हासिल किया होगा। सीज़ोनिया, तूने यह असाधारण और दुःखद नाटक करीब-करीब आखिर तक देख लिया। अब वक़्त आ गया है कि तेरे लिए पर्दा गिर जाए।

[दुबारा उसके पीछे जाता है, और दोनों हाथों से उसका गला पकड़ लेता है।]

सीज़ोनिया : *(बहुत डरी हुई)* इस भयानक स्वाधीनता को तुम खुशी कहते हो?

कालिगुला : *(धीरे-धीरे सीज़ोनिया का गला घोंटते हुए)* इसमें कोई शक नहीं है सीज़ोनिया! इस स्वाधीनता के अभाव में मैं एक सन्तुष्ट आदमी होता। शुक्र है कि मैंने एकान्तवासी की ईश्वरीय अतीन्द्रिय दृष्टि अपने वश में कर ली। *(जैसे-जैसे बिना किसी प्रतिरोध के सीज़ोनिया गला घुटता जाता है कालिगुला का उल्लास बढ़ता जाता है। सीज़ोनिया ने सिर्फ़ अपने हाथ उसके आगे फैलाए हुए हैं, जैसेकि दया की भीख माँग रही हो और वह उसके कान पर झुककर कुछ कहता जा रहा है)* मैं जीता हूँ, मैं मारता हूँ, मैं एक पूर्ण विनाशकारी की विक्षिप्त शक्ति का उपयोग करता हूँ,

जिसके सामने सृष्टिकर्ता की क्षमता भी मात्र फीकी नकल लगती है। यह है असलियत में खुश होना। यही है सुख। यह असह्य रिहाई, यह सर्वव्यापी उपेक्षा, ख़ून, मेरे चारों ओर फैली हुई नफ़रत, यह अनोखा अकेलापन, उस आदमी का जिसने कि जीवन-भर अपनी निगाह, दंड-भय से निश्चिन्त हत्यारे के अनन्त हर्ष पर जमा रखी हो। यह निष्ठुर तर्क जोकि मनुष्य की ज़िन्दगी को रौंद डालता है *(हँसता है)* और जो तुम्हारी ज़िन्दगी को कुचल रहा है, ताकि सीज़ोनिया, मेरा सतत एकान्तवास, जो मैं चाहता हूँ, परिपूर्ण हो सके।

सीज़ोनिया : *(शक्तिहीन, हाथ-पाँव मारते हुए)* केईयस!

कालिगुला : *(और भी अधिक उल्लसित)* नहीं, कोई संवेदना नहीं। अब यह ख़त्म होना चाहिए। समय बहुत कम है। समय कम है प्यारी सीज़ोनिया!

[सीज़ोनिया लड़खड़ाकर दम तोड़ देती है। कालिगुला उसे घसीटकर पलंग तक ले जाता है और बिस्तर पर डाल देता है।]

कालिगुला : *(फटी हुई आँखों से उसके शव को देखता है फिर कर्कश आवाज़ में)* और तुम भी, तुम भी दंडनीय थीं। लेकिन हत्या करना समस्या का समाधान नहीं है।

दृश्य : 14

कालिगुला : *(वापस घूमता है। म्लान मुरझाया-सा। दर्पण की ओर जाता है)* कालिगुला, तुम भी, तुम भी दंड के भागी हो। किसी से कुछ कम, किसी से कुछ ज़्यादा। लेकिन इस न्यायाधीशविहीन संसार में, जहाँ कोई भी निर्दोष नहीं, कौन हिम्मत करेगा कि मुझे दोषी ठहराए? *(अपनी अथाह पीड़ा की पूरी प्रबलता दर्पण पर संकेन्द्रित करके)* तुमने देखा, हैलिकों लौटकर नहीं आया। अब मैं चाँद नहीं पा सकूँगा। कितनी पीड़ाप्रद है विचारशक्ति के बावजूद निष्पत्ति तक जाने की मजबूरी, क्योंकि निष्पत्ति से मुझे डर लगता है। शस्त्रों की आवाज़! यह निर्दोषिता अपने विजयोत्सव की तैयारी कर रही है! काश! मैं उनकी जगह हो सकता। बहुत डर लग रहा है। कितना विक्षोभी है औरों का इतना तिरस्कार करके वही बुज़दिली स्वयं अपने भीतर महसूस करना। लेकिन इतनी चिन्ता क्यों? भय भी अन्य भावों की तरह स्थायी नहीं होता। शीघ्र ही मैं वह महाशून्यता प्राप्त कर लूँगा, जहाँ कि आत्मा को अमर शान्ति मिलती है।

[कुछ पीछे हटता है। दुबारा दर्पण की ओर आता है। पहले से ज़्यादा शान्त दिख रहा है।

दुबारा बोलना शुरू कर दिया है, लेकिन बहुत धीमी और ध्यानमग्न आवाज़ में।]

सब कुछ कितना उलझा हुआ लग रहा है, हालाँकि सब कुछ बहुत स्पष्ट है। अगर मुझे चाँद मिल जाता, अगर प्यार पर्याप्त होता तो सबकुछ बदल गया होता। लेकिन कहाँ बुझाऊँ अब यह प्यास? किस हृदय में, किस भगवान् के पास मेरे लिए जलाशय की गहराई होगी? *(घुटने टेकता और रोता हुआ)* न इस दुनिया में, न दूसरी में। मेरे लायक कुछ भी नहीं। मैं जानता हूँ क्यों। अब तू भी सुन *(रोते-रोते अपने हाथ दर्पण की ओर बढ़ाता है)*, इतना काफ़ी होगा कि असम्भव प्रकट हो जाए। असम्भाव्य! मैंने इसे संसार की सीमाओं में ढूँढ़ा। अपनी अन्तरात्मा में ढूँढ़ा। मैंने अपने हाथ बढ़ाए *(चिल्लाकर)*, अपने हाथ मैं अब भी बढ़ा रहा हूँ और तुझसे ही मैं हमेशा मिलता हूँ—हमेशा तू ही मेरे सामने होता है और अब मैं तेरे लिए नफ़रत से भरा हूँ। मैंने वह मार्ग नहीं अपनाया जो अपनाना चाहिए था। अब मैं कहीं नहीं पहुँच पाऊँगा। मेरी स्वाधीनता मेरे लिए शुभ नहीं रही। मेरी मुक्ति मुझे कुछ न दे सकी। हैलिकों! हैलिकों! कुछ नहीं। अब भी कुछ नहीं। अहह! यह रात कितनी बोझिल है।

हैलिकों नहीं आएगा। हम हमेशा के लिए दोषी रहेंगे। यह रात उतनी ही भारी है, जितनी कि मनुष्य की वेदना।

[बाहर से शस्त्रों का शोर व फुसफुसाहट के स्वर आते हैं।]

हैलिकों : *(पीछे से कूदता हुआ)* अपने को बचाओ केईयस, अपने को बचाओ!

[एक अदृश्य हाथ हैलिकों को छुरा भोंक देता है। कालिगुला उठता है, पास से एक स्टूल उठाकर फुँफकारता हुआ दर्पण की ओर बढ़ता है। अपने प्रतिबिम्ब को देखता है। आगे ज़रा-सी छलाँग लगाता है और अपने तथा अपने प्रतिविम्ब का सामंजस्य देखते-देखते अपने प्रतिबिम्ब पर ही स्टूल को पूरी शक्ति से मारते हुए चिल्लाता है—]

कालिगुला : कालिगुला इतिहास में प्रवेश कर गया, इतिहास बन गया...

[दर्पण टूट जाता है। उसी समय चारों ओर से षड्यंत्रकारी हथियारों सहित अन्दर आते हैं। कालिगुला उनके सामने एक विक्षिप्त हँसी हँसता हुआ खड़ा रहता है।

वृद्ध सामन्त पीछे से उस पर वार करता है कीरिआ एकदम सामने से। कालिगुला की हँसी हिचकियों में बदल जाती है। सब वार करते हैं। आखिरी हिचकी में कालिगुला हँसता है, साँस लेने की कोशिश करता है और चिल्लाता है—]

मैं अभी जिन्दा हूँ!

[पर्दा।]